P9-AQQ-234

¿QUÉ HAGO CON UN NIÑO CON DISCAPACIDAD?

aliéntalo

Cómo apoyarlo en su desarrollo

Cecilia Rosales Vega

EL LIBRO MUERE CUANDO LO FOTOCOPIAN

Amigo lector:

La obra que tiene en sus manos es muy valiosa. Su autor vertió en ella conocimientos, experiencia y años de trabajo. El editor ha procurado una presentación digna de su contenido y pone su empeño y recursos para difundirla ampliamente, por medio de su red de comercialización.

Cuando usted fotocopia este libro o adquiere una copia "pirata" o fotocopia ilegal del mismo, el autor y editor no perciben lo que les permite recuperar la inversión que han realizado.

La reproducción no autorizada de obras protegidas por el derecho de autor desalienta la creatividad y limita la difusión de la cultura, además de ser un delito.

Si usted necesita un ejemplar del libro y no le es posible conseguirlo, escríbanos o llámenos. Lo atenderemos con gusto.

EDITORIAL PAX MÉXICO

Título de la obra: *¿Qué hago con un niño con discapacidad? Aliéntalo. Cómo apoyarlo en su desarrollo*

COORDINACIÓN EDITORIAL: Gilda Moreno Manzur
DISEÑO: Ivette Ordóñez Peláez
ILUSTRACIONES: Pilar Ramírez Ruíz
DISEÑO DE PORTADA: Pilar Ramírez Ruíz
                        Victor Gally
COLABORACIÓN: Marilú Cisneros Vargas

© 2015 Editorial Pax México, Librería Carlos Cesarman, S.A.
      Av. Cuauhtémoc 1430
      Col. Santa Cruz Atoyac
      México DF 03310
      Tel. 5605 7677
      Fax 5605 7600
      www.editorialpax.com

Primera edición
ISBN 978-607-9346-64-5
Reservados todos los derechos
Impreso en México / *Printed in Mexico*

Impreso en:
Irema, S.A. de C.V.
Oculista núm. 43,
colonia Sifón, México, D.F.

Índice

Dedicatoria

Para **Emiliano**, que siempre pregunta

Para **Elisa**, un sueño que no había soñado...

Para **Héctor**,
mi esposo, compañero en la vida y papá
de Emiliano y Elisa, por lo que hemos
construido juntos para nosotros y nuestros hijos

Para Elisa

¿Quién eres tú?,
tan diferente y tan igual,
me provoca temor tu pequeño cuerpo
lleno de fuerza y debilidad.

Permíteme abrazarte y a la vez soltarte,
te llevo tan dentro de mí
en un lugar desconocido,
en un espacio que no existía
lleno de ternura después del dolor.

Un sueño que no había soñado,
un sueño suave y tranquilo
en medio de la turbulencia.

Me quedo sin palabras,
te hablo poco,
prefiero que digas tú.

Te escucho, siempre te escucho
aun en el silencio.

*Mayo de 2002 (escrito unos días después
de que nació Elisa)*

Agradecimientos

Con agradecimiento especial para los abuelos, los tíos, los primos y los amigos de Elisa, así como para los médicos, terapeutas, maestros y quienes nos han apoyado para cuidarla con su disposición, afecto y conocimientos.

Este libro no hubiera sido posible sin el interés y apoyo que nos han dado una serie de profesionistas, artistas y amigos, entre los que se encuentran Hebe Rossell, Valia Korsakova, Leticia Pérez del Valle, Laura Olmedo y Kim de Castro.

También quiero agradecer a las familias que facilitaron sus fotos personales y sus anécdotas para realizar este libro, especialmente a Norma Acosta y su Fundación Amigos Caleidoscopio, A.C. que proporcionó su colección de fotografías para ilustrar los capítulos.

Con agradecimiento especial para mi amiga Ana Cecilia Terrazas, por haber tenido la idea de que se hicieran estos libros que han sido el inicio de una serie de trabajos relacionados con el tema de la discapacidad, así como a Gerardo Gally, quien se interesó en editar esta colección, por su confianza y paciencia durante todo el tiempo de elaboración de este trabajo.

A Tere Nava quien me abrió los ojos para poder mirar a la discapacidad desde otra perspectiva, a Pili Ramírez quien me ha acompañado en la elaboración de las ilustraciones de este libro poniendo en imágenes lo que me imagino y a María Angélica Núñez quien hace crecer mi trabajo en relación con la discapacidad. Agradezco el tiempo, la amistad y el compromiso solidario de Marilú Cisneros para elaborar estos libros. En memoria de Marcelo Pasternac.

Finalmente, quiero mencionar afectuosamente los nombres de María, Hana, Gina y Sebastián, ya que cada uno de ellos me permite constatar a través de sus historias, que lo que se dice en este libro, es posible que ocurra en la realidad.

¿Qué hacen los niños con discapacidad cuando se hacen grandes?

Capítulo 1

La discapacidad casi siempre está muy cerca de nosotros, aunque a veces no nos demos cuenta de ello. Con frecuencia creemos que las personas con discapacidad no tienen la posibilidad de llevar una vida cotidiana normal, como cualquiera de nosotros. Imaginamos que quienes viven con esta condición se encuentran escondidos, que habitan en casas sombrías con historias tristes, que no pueden realizar muchas actividades, que se encuentran relegados e impedidos, esperando que alguien se acerque para ayudarles a sobrevivir. Sin embargo, esto no siempre es así. En nuestro mundo existen miles de personas con discapacidad que llevan una vida independiente, establecen relaciones de pareja, forman familias, se desempeñan en diversas actividades laborales, generan ingresos e incluso llegan a destacar de manera excepcional en su vida.

Por lo anterior, se hace una invitación para acercarse al mundo de la discapacidad desde esta perspectiva, para mirarla de cerca, escucharla, tocarla y así, encontrar en ese mundo que nos parece tan lejano a personas que, como todos, buscan cada día seguir viviendo. Personas que dejan

en su camino testimonios que nos enseñan que detrás de esa primera imagen desconcertante en la que aparece la discapacidad, se encuentran seres humanos con pensamientos, sentimientos, deseos y la intención de transmitir a los demás algo de lo que son, lo que sienten, lo que hacen, lo que viven y lo que desean expresar.

Este libro podría haberse llamado ¿Qué hago con un adolescente o con un adulto con discapacidad?, y esta pregunta nos abre una nueva perspectiva para investigar el desarrollo en estas etapas de la vida.

En la actualidad, las personas con discapacidad que han sido atendidas de manera adecuada desde la infancia y que tienen acceso a la educación, la práctica de actividades artísticas, deportivas y otros medios de expresión, se convierten en adultos que pueden hacer de todo y tienen la capacidad de encontrar diferentes alternativas para vivir.

Cada persona crecerá de acuerdo con sus circunstancias particulares, sus decisiones y el apoyo que haya recibido desde pequeño. De ahí la importancia de tratar a los niños con discapacidad desde las etapas más tempranas de la vida con normalidad, integrándolos a la sociedad a la que pertenecen, a la vez que son atendidos de manera especial con los tratamientos y terapias que requieren.

Un aspecto importante a considerar en los adolescentes con discapacidad intelectual es adelantar el proceso de orientación vocacional, con la finalidad de que pueda adquirir las habilidades que requieran para realizar un trabajo satisfactorio cuando se le dificulte continuar con la educación escolar.

Al crecer, muchos niños con discapacidad, lejos de ser una carga para su familia, se convierten con el paso del tiempo en personas con experiencias que enriquecen a quienes se encuentran cerca de ellos, que establecen relaciones significativas de afecto y nos enseñan una forma diferente de ver, escuchar y entender la vida.

Cada vez son menos las personas con discapacidad que siguen siendo niños durante toda su vida, pues ahora tienen la posibilidad de continuar creciendo en la medida en que puedan desarrollar sus capacidades y en que la sociedad les abra espacios reales de participación.

Muchos de ellos apoyan en la vida familiar cotidiana; otros se insertan en el área laboral desempeñando todo tipo de trabajos acordes con sus capacidades; hay quienes forman una nueva familia con todo lo que ello implica; otros más dedican su tiempo a la realización de actividades artísticas que nos permiten conocer la riqueza que sólo se puede encontrar en el mundo de la discapacidad.

Algunos más, muestran a los demás –casi siempre a los que están más cerca– otra manera de ver la vida, contar el tiempo, acomodar las cosas, comprender el mundo, así como otras razones para reír, llorar y, sobre todo, seguir viviendo.

Podríamos escribir sobre la discapacidad durante un largo tiempo, pues cada día encontramos más personas con esta condición y conocemos gente que trabaja para que quienes presentan una discapacidad tengan una mejor calidad de vida. A la vez, aprendemos de las historias, testimonios, avances y textos que se publican acerca de este tema.

Sin embargo, vamos a detenernos aquí, para dar paso a las imágenes que a veces dicen más que las palabras, o al menos nos dicen cosas diferentes. Vamos a ver ahora un poco de lo que pueden hacer los niños con discapacidad cuando se hacen grandes...

Una mirada a la creatividad de la discapacidad

Capítulo 2

La música toca una de las partes más íntimas y sensibles que tenemos los seres humanos. Acercarse a la discapacidad a través de la música siempre será una experiencia muy especial.

A lo largo de la historia, han existido muchas personas con discapacidad que han trascendido a través de la música, ya sea mediante la composición o la interpretación. Además, diversos artistas se han inspirado en este tema para realizar algunas de sus creaciones.

Varios temas musicales están, de alguna manera, relacionados con la discapacidad:

- ✳ "Para Elisa", "Claro de luna" y "Oda a la alegría", música creada por Ludwig van Beethoven, quien fue un compositor con discapacidad auditiva.
- ✳ "Soñar" y "Nieve para flauta y piano", composiciones musicales creadas por Hikari Oé, quien presenta una discapacidad intelectual.
- ✳ "Sólo pienso en ti", tema musical compuesto por Víctor Manuel, quien se interesó en el tema de la discapacidad.
- ✳ "Tengo un niño especial", interpretada por Martín Valverde, quien trabaja para sensibilizar a personas sobre temas enfocados a poblaciones vulnerables.
- ✳ "La llamaban loca", tema interpretado por José Luis Perales, que aborda la historia de una mujer con discapacidad.
- ✳ "Todos ganamos", música para los Juegos Paralímpicos

* "Puedes llegar", canción interpretada por Roberto Carlos, compositor brasileño que presenta una discapacidad motriz, ya que no tiene una pierna.

* "Bendita la luz", tema interpretado por Maná, grupo musical que pretende sensibilizar a la sociedad acerca de la discriminación.

* "Color esperanza", canción interpretada por Diego Torres, quien se interesa en el tema de la discapacidad.

* "Concierto de Aranjuez", composición creada por Joaquín Rodrigo, músico con discapacidad visual, quien colocó a la guitarra como instrumento de orquesta.

* "Hit the road Jack", tema compuesto por Ray Charles, intérprete de jazz con discapacidad visual.

* Música de la película *La lista de Schlinder*, interpretada por Itzak Perlman, violinista contemporáneo con discapacidad motriz.

* "Por ti volaré", canción interpretada por Andrea Bocelli, tenor, músico y productor italiano de música clásica y contemporánea que presenta discapacidad visual.

* "No soy de aquí, ni soy de allá", tema compuesto por Facundo Cabral, cantautor argentino, intérprete de trova con discapacidad visual.

* "Good Vibrations", compuesta por Brian Wilson, músico

estadounidense con discapacidad auditiva, quien pertenece al grupo Beach Boys.

- ❀ "Iron Man", interpretada por Tony Iommy, guitarrista del grupo Black Sabbath, quien perdió varios dedos de una mano en un accidente.
- ❀ "Hysteria", canción del grupo Def Leppard, cuyo baterista, Rick Allen, perdió un brazo.

LITERATURA Y DISCAPACIDAD

La literatura en sus diversas expresiones como poesía, cuento, novela y ensayo, utiliza como instrumento la palabra para transmitir pensamientos, ideas y experiencias relacionadas con la discapacidad.

Varios autores han escrito sobre la discapacidad o han vivido con ella. Para acercarnos más a estas vivencias, presentamos algunos fragmentos de escritos realizados por personas con discapacidad:

"Algo que me ha servido mucho a lo largo de mi existencia, es el estar bien consciente de las cosas que puedo hacer y de las que no puedo hacer. Por ejemplo: sé que no puedo correr, pero con mi pensamiento puedo volar en fracción de segundos al más distante de los lugares; se me dificulta hablar, pero mis libros, mis cartas y mis poesías hablan mucho por mí; mis manos tal vez no pueden hacer una caricia y, sin embargo, he sabido amar como mujer, como madre y como amiga."

Gaby Brimmer, activista y escritora
mexicana con parálisis cerebral

"Nacemos en la luz, la queremos, la quisiéramos siempre. Porque tenemos ojos que ven, que ven aunque cerrados, aunque ciegos. Vemos la luz en lo oscuro, en la tiniebla más tremenda, podemos verla, desearla, bracear como en el abismo submarino más profundo en busca de ella. Porque la luz está allí, siempre allí, allá arriba, en lo alto, en la cima más honda, al alcance de todos".

Rafael Alberti, escritor y poeta español
que aborda la discapacidad en algunos de sus textos

"No conoces el sonido de mi voz, en mis ojos puedes ver lo que me pasa. Tu mirada me atraviesa llegando hasta mi alma. No escuchas las palabras de mi lengua, mas tu infinita inteligencia percibe más allá de los idiomas".

Viviana Burad, intérprete de lengua de
señas, de nacionalidad argentina

"Dame una esperanza, tú tienes mucho amor, quiero pensar junto a ti, puedo jugar con mi soledad, quiero vivir contigo, lleno de amistad, dame la mano de la vida, dame una esperanza, tengo ganas de llorar, quiero darte mucho cariño."

Javier Pliego, poeta mexicano que
presenta síndrome de Down

"¿Qué hago con los sueños? Es bonito soñar diferentes cosas y también diferentes cosas de la vida, del amor. La vida es buena y también es difícil y sueño varias cosas y sueño con colores y sueño las estrellas y sueño también mi planeta, los planetas."

María Kuhne, poeta mexicana que
presenta síndrome de Down

"Para andar conmigo mismo, me basta con mis pensamientos."

Juan García Ponce, escritor mexicano
con esclerosis múltiple

"La gente imagina al ciego encerrado en un mundo negro... Uno de los colores que los ciegos (o en todo caso este ciego) extrañan, es el  negro; otro, el rojo. Son los colores que nos faltan. A mí, que tenía la costumbre de dormir en plena obscuridad, me molestó durante mucho tiempo tener que dormir en este mundo de neblina, de neblina verdosa o azulada y vagamente luminosa que es el mundo del ciego. Hubiera querido reclinarme en la obscuridad, apoyarme en la obscuridad. Al rojo lo veo como un vago marrón. El mundo del ciego no es la noche que la gente supone. En todo caso, estoy hablando en mi nombre y en nombre de mi padre y de mi abuela que murieron ciegos; ciegos, sonrientes y valerosos, como yo también espero morir."

Jorge Luis Borges, escritor argentino
con discapacidad visual

"Mi voz no sabe ni sabrá, describir las líneas de tu rostro, pero sí recordar tus consejos en la práctica del poema al filo del amanecer."

Eugenio Valle Molina, poeta mexicano con discapacidad visual

"Nunca pinté mis sueños, sólo pinté mi propia realidad."

Frida Kahlo, artista mexicana con discapacidad motriz

"¿Han estado alguna vez en el mar en medio de una densa niebla cuando parece que una tiniebla blanca y tangible nos encierra y el gran buque, tenso y ansioso, avanza a tientas hacia la costa con plomada y sonda, y uno espera con el corazón palpitante a que algo suceda?"

Hellen Keller, activista y escritora norteamericana con discapacidad múltiple

"Mentalidad inelegible de lo visible, por lo menos eso, si no más. Pensamiento por mis ojos, escrito de cosas que estoy aquí para leer. Cucharas de mar y desastres de mar, la marea que se acerca, moco verde, azul plateado, letreros de colores. Cierra los ojos y mira, estás caminando por el medio como nunca, estoy caminando. Sí, un paso a la vez, un pequeño espacio del tiempo, también pequeños tiempos de espacio. Exactamente. Y esa es la intelectiva mentalidad de lo auditivo. Abre los ojos, no, me va muy bien en la oscuridad."

James Joyce, escritor irlandés con discapacidad visual

"Tuve una pesadilla, soñé que era normal."

Pedro Miranda, fotógrafo ciego

CUENTOS PARA NIÑOS CON DISCAPACIDAD —

Desde hace mucho tiempo los cuentos han constituido una manera de transmitir de generación en generación las experiencias, recuerdos e historias a través de personajes portadores del pensamiento y el sentimiento colectivo.

Contar los cuentos, sobre todo a los niños, es siempre una manera de acercarse a ellos y de enseñarles una infinidad de experiencias de la vida. Por esto, los cuentos se han vuelto una posibilidad para dar a conocer el mundo de la discapacidad desde la infancia.

En los últimos años, se han escrito cada vez más cuentos que tratan el tema de la discapacidad desde distintas perspectivas, para que las personas que viven con esta condición cuenten sus cuentos y sean contadas en ellos. Mediante estas historias especiales, los niños pueden aprender a respetar, aceptar e integrar a las personas que viven con alguna discapacidad, así como tener la experiencia de vivir situaciones que sólo son posibles en su imaginación.

En estos cuentos se representan historias breves de personas sordas, ciegas, con dificultades para moverse o para desarrollarse como los demás, quienes aun con su discapacidad logran expresar sus emociones, realizar hazañas y cambiar su entorno. También sirven para que las personas con discapacidad se identifiquen con sus situaciones y se den cuenta de que los personajes de estas historias son seres con pensamientos, sentimientos, ideas y sueños.

Las personas con discapacidad han sido beneficiadas por la tecnología que acerca cada vez más los cuentos a los diferentes sentidos de las personas al realizar películas, adaptaciones de cuentos en Braille y audiolibros, entre otros.

Algunos cuentos que nos permiten conocer el tema de la discapacidad pueden ser los siguientes:

- ✽ *Inés crece despacio*, historia de Claude Helft, (Ediciones Serres), quien nos cuenta la vida cotidiana de una pequeña niña con síndrome de Down y el proceso de integración en su familia, su vecindario y escuela.

- ✽ *Heidi*, de Johanna Spyri (Editorial Juventud), quien narra la vida de una niña huérfana que vive en los Alpes Suizos y que conoce a una pequeña con discapacidad motriz a la que le cambia la vida al brindarle su amistad y enseñarle lo que hay más allá de su casa, propiciando así su rehabilitación.

- ✽ *Mis hermanos y yo, Soy especial para mis amigos y ¿Qué seré cuando sea mayor?*, serie de cuentos de 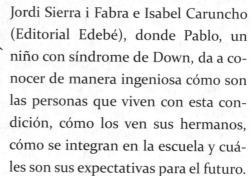 Jordi Sierra i Fabra e Isabel Caruncho (Editorial Edebé), donde Pablo, un niño con síndrome de Down, da a conocer de manera ingeniosa cómo son las personas que viven con esta condición, cómo los ven sus hermanos, cómo se integran en la escuela y cuáles son sus expectativas para el futuro.

- ✽ *¿Qué le pasa a este niño?*, cuento de Ángels Ponce y Miguel Gallardo (Ediciones Serres), elaborado para padres, maestros, hermanos y personas cercanas a los niños con discapacidad, que permite comprender la diversidad e invita a adentrarse en este tema.

- ✽ *Óyeme con los ojos*, de Gloria Cecilia Díaz y Chata Lucini (Anaya), quienes narran la historia de Horacio, un niño sordo, que ayuda a cambiar su entorno y la perspectiva que se tiene acerca de las personas que presentan esta discapacidad.

🌸 *Atados a una estrella*, cuento de Claudia Celis (Editorial SM), en el cual nos muestra las dificultades que afronta una familia para aceptar a uno de sus integrantes quien nació con síndrome Down.

Otros cuentos que se recomiendan para acercarse al tema de la discapacidad son:

🌸 "Una batalla que ganar" (cuentos escritos por niños con discapacidad), editado por el Consejo Nacional para la Cultura y las Artes.

🌸 "Para más señas, Laura", editado por el Consejo Nacional para Prevenir la Discriminación.

🌸 "El pez morado en el país de los peces amarillos", escrito por Celso Román, reconocido autor colombiano.

🌸 "El jardín secreto", de Frances Hodgson Burnett (Editorial Zeta Bolsillo).

🌸 "El soldadito de plomo" y "El patito feo", escritos por Hans Christian Andersen (Editorial Beascoa).

🌸 "Discuentos", antología de 17 cuentos infantiles sobre discapacidad, creada para sensibilizar a la sociedad desde la infancia. Dentro de esta colección podemos mencionar: "El gato que sólo tenía cuatro patas", de Magnus Dagon; "El milagro del hada lisiada", de María Delgado; "El amor es ciego", de Roberto Malo; "El pianista misterioso", de Melanie Taylor, y "Polvito" de Diomenia Carvajal. Antología recopilada por el escritor español Rubén Serrano (Asociación El Gato de Cinco Patas), España.

Los cómics son una serie de dibujos que constituyen un relato. A través de estas historias se transmite información y características de los personajes que representan temas o situaciones determinados, por lo general utilizando el sentido del humor.

El tema de la discapacidad se ha relacionado durante mucho tiempo con situaciones complicadas y de displacer; sin embargo, recientemente, en la medida en que ha aumentado la aceptación de las personas que viven con esta condición, han surgido varias historietas que relatan de manera divertida sus vivencias, como por ejemplo, las historias de "Downtown" que se publican actualmente en España.

En diversos libros se cuentan también historietas de personajes de ciencia ficción que presentan una discapacidad, la cual no es una limitante para "ser un superhéroe y salvar al mundo".

El origen de estos personajes que aparecen en los cómics inició durante las guerras del siglo pasado, como un intento creativo de la sociedad para reintegrar a quienes participaron en esas batallas donde adquirieron una discapacidad.

Entre estos personajes podemos destacar a los descritos en la siguiente página.

- El Profesor X de los X Men, quien es un genio científico parapléjico con poderes de telepatía que le permiten controlar e influir en la mente humana.

- Daredevil, superhéroe que perdió la vista tras un accidente relacionado con un contenedor de desechos radioactivos, lo cual le llevó a incrementar otras habilidades como el aumento del sentido del olfato y la percepción de la distancia.

- Batichica, super heroína que quedó paralítica después de una pelea. A partir de entonces cambió su identidad por Oracle y se dedicó a desarrollar uno de los sistemas informáticos más complejos y poderosos del mundo. Ella, con su memoria fotográfica, ayudó a Batman super héroe, quien por cierto también presentó una discapacidad motriz de la que tiempo después se rehabilitó.

- Arsenal, superhéroe que tras una batalla perdió un brazo, el cual sustituyó con una prótesis mecánica que le permitió continuar con habilidades para manejar el arco y la flecha.

- Cyborg, quien no tenía varias partes de su cuerpo y fabricó un equipo biónico para compensar sus carencias.

- Jericho, quien por no presentar cuerdas vocales, desarrolló poderes para controlar las respuestas motrices de otras personas al hacer contacto visual.

Madame Web, quien ayuda a Spiderman con sus habilidades psíquicas y sensoriales, a pesar de ser invidente y paralítica.

La pintura es una forma de expresión artística que las personas con discapacidad pueden utilizar para plasmar y transmitir a través de sus obras su forma de mirar al mundo, ya sea real o imaginaria.

Por medio de la pintura, podemos conocer la sensibilidad y las experiencias de las personas con discapacidad, quienes encuentran en ella un instrumento para desarrollar su creatividad.

Algunos de los pintores con discapacidad más reconocidos, que han trascendido en la historia a través de sus obras son:

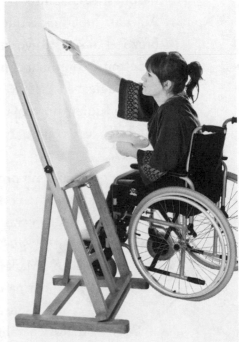

- ✿ Henri de Toulousse-Lautrec: *Baile en el Molino Rojo, Jardín de París* y *Paseo por el campo*
- ✿ José Clemente Orozco: *El hombre en llamas, Catarsis* y *La Trinchera*
- ✿ Frida Kahlo: *Sandías con leyenda: Viva la vida, Las dos Fridas* y *El tiempo vuela*
- ✿ Dr. Atl: *Silencio luminoso, Paisaje en el Iztaccíhuatl* y *La Ciudad y la Estrella*
- ✿ Vincent Van Gogh: *La noche estrellada, Melocotonero en flor* y *Jarro con doce girasoles*

En la actualidad, diversas escuelas y talleres abren sus espacios para que las personas con discapacidad se puedan expresar a través de la pintura.

PINTURAS DE ENCONTRARTE

Encontrarte es un sitio donde las personas con discapacidad intelectual pueden encontrar alternativas para desarrollar sus habilidades de aprendizaje y su capacidad artística.

En el taller de arte se realizan obras que nos permiten acercarnos a los pensamientos y sentimientos de jóvenes que viven con esta condición y asombrarnos con sus capacidades.

ASOCIACIÓN DE PINTORES CON LA BOCA Y CON EL PIE

Esta asociación internacional permite que las personas con discapacidad motriz importante o con falta de brazos, encuentren alternativas para expresarse con las partes de su cuerpo que tienen movimiento.

El deseo de expresión que tienen algunas de las personas que viven con esta condición, ha llevado a buscar nuevos y diversos movimientos corporales que les permiten plasmar en sus lienzos sus obras pictóricas. Un pie o la boca pueden suplir una mano; nada es indispensable.

Christy Brown, escritor del libro *Mi pie izquierdo*[1], quien vivió con parálisis cerebral, describió lo que significa para una persona con esta condición comunicarse a través del arte:

> "Pintar significa todo para mí. Con la pintura he aprendido a expresarme de forma sutil. A través de ella he podido expresar todo lo que vi y sentí, todo aquello que estaba en mi mente, guardado en mi cuerpo inútil como si fuera un prisionero cerrado a un mundo que no era real para mí."

Algunos de los artistas de la Asociación de Pintores con la Boca y con el Pie que han logrado destacar por sus obras son: María del Carmen Bernal, Manuel Mena y Christy Brown con la obra *Boats in the Harbour* (Barcos en el puerto).

ARTE DOWN

Las personas que viven con síndrome de Down han tenido cada vez más oportunidades para participar en las actividades cotidianas. Se ha visto que el arte es un medio extraordinario para conocerlas y darnos cuenta de todo lo que son capaces de hacer.

Diversas escuelas y talleres impulsan la expresión pictórica de las personas con síndrome de Down, entre los que destaca la Escuela Mexicana de Arte Down.

---

[1] Brown, Christy, *Mi pie izquierdo*, Madrid, RIALP, segunda edición, 2005.

Las pinturas, grabados y litografías creados por personas con síndrome de Down, se han expuesto en importantes museos y galerías de América, Europa y Asia, donde han sido reconocidas por su gran valor artístico.

"Las personas con síndrome de Down nos enseñan a ver la vida con más profundidad; si convivimos con ellos y logramos penetrar en su forma de ver el mundo, percibiremos que son un destello revelador para reordenar nuestros valores vitales. Detrás de sus visibles carencias aparece la fuerza del espíritu humano, la capacidad creadora que trasciende los mecanismos de la inteligencia y que inunda las cosas con una luz que sólo ellos pueden darnos, el goce irrestricto de la vida."

Sylvia Escamilla, presidenta de la
Fundación John Langdon Down

Entre las obras que podemos apreciar de los artistas de la Escuela Mexicana de Arte Down encontramos las siguientes: *Ventanas* de Víctor Lora, *Dos caballos* de David Chávez, *Cielo en la Ciudad* de Armando Robles, *Espina* de Josafat Calónico, *Tigre* de Jesús Melgarejo, *El amor rojo* de Carlos Ramírez, *Universo* de Víctor Ávila, *Pez amarillo* de Rubén Larios, *El amor* de Erik Navarro, *Atardecer* de Alma Rosa Rodríguez y *La mariposa monarca* de Lorena Vélez.

La escultura es una de las Bellas Artes que consiste en modelar con las manos y mediante el uso del martillo, el cincel y otros instrumentos, materiales como el barro, la madera, el metal y la piedra, entre otros.

Se ha observado que la escultura es una alternativa favorable para estimular y rehabilitar a las personas que viven con una discapacidad. Por ejemplo, en quienes tienen discapacidad motriz, disminuyen la rigidez y el dolor de sus articulaciones, mejoran sus movimientos y encuentran una alternativa para expresar sus sentimientos. Las personas con discapacidad intelectual y auditiva incrementan su coordinación, realizan una actividad placentera y encuentran una forma adecuada de expresión creativa. Aquellos con discapacidad visual, además de encontrar una manera para externar sus sentimientos, tienen la opción de conocer las diversas formas, texturas y tamaños que existen a través del tacto, así como de aumentar su imaginación.

Varias asociaciones y centros de arte atienden a personas que viven con discapacidad, a través de talleres de escultura. Gracias a esto podemos conocer las obras de artistas con discapacidad como Carl Hendrix, quien presenta parálisis cerebral; Dan Miller, un joven

autista; Michael Naranjo, quien es invidente y Judith Scott, quien presenta una discapacidad intelectual y es sordomuda.

Con el fin de promover una cultura de la discapacidad, en diversos museos del mundo se exhiben colecciones de esculturas que pueden ser tocadas por las personas que viven con esta condición.

En México, el Museo Soumaya maneja el programa "Remontando el Vuelo", en el que se promueven actividades y proyectos para personas con discapacidad visual, auditiva, motriz e intelectual, así como sin discapacidad aparente.

Entre las esculturas de la colección de este museo se encuentran piezas de Salvador Dalí, Cézanne, Renoir, Matisse, Leonardo Da Vinci y Diego Rivera, las cuales pueden ser tocadas por las personas con discapacidad para acercarse a este arte.

DANZA Y DISCAPACIDAD

La danza ha sido una de las artes más completas que ha practicado el hombre desde la Antigüedad. Es un arte que se compone de una serie de movimientos corporales rítmicos, acompañados con música, que pueden ser utilizados como una forma de comunicación o expresión.

Por sus características, este medio de expresión corporal parece una actividad difícil para las personas con discapacidad. Sin embargo, hay quienes se dedican a realizar coreografías en las que las sillas de ruedas, las muletas y los bastones ocupan un lugar especial. Todo movimiento es una expresión de vida y todos podemos encontrar alternativas para hablar con nuestro cuerpo.

Se ha observado que la danza otorga múltiples beneficios que mejoran la condición física y emocional de quienes la practican, debido a que este arte sirve para desarrollar los sentidos, la percepción, la motricidad y la integración del cuerpo y la mente de cada persona.

La danza terapéutica es una forma de terapia que se utiliza desde hace tiempo con excelentes resultados, al beneficiar a personas con diferentes tipos de discapacidad motora o sensorial, así como al canalizar el estrés, la tensión y otras situaciones emocionales.

Varias compañías de danza, fundadas años atrás, tienen el propósito de abrir espacios para que todas las personas, independientemente de su estética corporal o de las dificultades particulares de movimiento que presenten, puedan practicar este arte.

Asimismo, se han creado oportunidades en algunas academias de danza para incluir entre sus alumnos a personas con discapacidad.

Algunas de estas compañías son: la Escuela de Danza "Nelly y Gloria Campobello", la "Asociación de Baile y Danza Deportiva del Estado de México", el "Instituto de Danza y Salud de Puebla A.C." y la compañía "DanceAbility Latinoamérica", la cual ha conseguido aclamación internacional por sus contribuciones artísticas en la danza contemporánea.

Algunas personas destacadas y críticos de danza han hecho comentarios en relación con este tema, como el que se incluye en la página siguiente.

"Creo que 'DanceAbility' va más allá del movimiento y de la exploración de sí mismo, es para muchas personas la primera oportunidad de identificarse en sus propias condiciones, y poder ver que esta forma de danza, así como sus vidas, tienen muchas opciones y posibilidades. El trabajo de estos bailarines revela las actitudes paralizadas de la gente sin discapacidad hacia la gente con discapacidad."

Susan Sygall, Director Ejecutivo, Mobility International USA.[2]

Asimismo, algunos bailarines con discapacidad nos dan su testimonio:

"Siempre he vivido con discapacidad y me he considerado poco atractivo; esas cosas no tienen lugar en DanceAbility. Me sentí bienvenido a bailar porque nadie me calificaba. Realmente me impresionó tener alguien que me sugiriera que yo puedo producir danza o belleza con mi cuerpo. Habiendo crecido con

---

[2] DanceAbility, ¿Qué dice la gente sobre DanceAbility? Recuperado en julio de 2012. http://espanol.danceability.com/gente.php

una discapacidad, siempre había escuchado que la belleza y la danza no eran para aquellos con mi condición. Con esta experiencia comprobé que eso no era cierto; descubrí una cualidad en mí mismo que nunca había tenido la oportunidad de conocer. Estoy muy agradecido por experimentar el arte de la danza. Espero que siempre sea parte de mi vida."

Max, participante del taller Disability Internacional[3]

"Venimos a bailar con nuestros zapatos de deporte, nuestros bastones, nuestras sillas de ruedas, nuestros dos pies izquierdos, nuestros cuerpos que vemos como demasiado cortos e imperfectos, y sin embargo, nosotros bailamos. Cada parte de nosotros bailó de manera sorprendente; como nunca lo hubiéramos creído."

Bjo Ashwill, bailarín con discapacidad[4]

FOTOGRAFÍA Y DISCAPACIDAD

La fotografía es un arte que utiliza la técnica de grabar imágenes duraderas sobre un material sensible a la luz. El término proviene de dos palabras de origen griego: *foto*, que se traduce al español como "luz", y *grafía*, que significa "escritura". Por lo tanto, la palabra fotografía quiere decir algo así como "escribiendo con la luz".

---

[3] DanceAbility, *Nosotros creemos*. Recuperado en julio de 2012. http://espanol.danceability.com/sobre_nosotros.php

[4] DanceAbility, *La Tienda de DanceAbility Internacional*. Recuperado en julio de 2012. http://espanol.danceability.com/tienda.php

La fotografía permite a las personas con discapacidad transmitir una manera muy particular de ver la vida. Fotografías tomadas por personas con discapacidad intelectual, con dificultades motrices o auditivas, nos revelan parte de su visión del mundo y de sí mismos.

Es difícil pensar que una persona con ciertos tipos de discapacidad pueda tomar fotografías, y parece aún más increíble, que un ciego pueda llegar a dedicarse a este arte. Sin embargo, algunas academias artísticas y organizaciones en el mundo se han dedicado a enseñar fotografía a las personas con discapacidad visual.

En México, una de las asociaciones más importantes en este sentido es "Ojos que sienten", la cual tiene como objetivo enseñar a sus alumnos a hacer uso de todos sus sentidos, menos el de la vista, para de esta manera explorar el ambiente. Emplean el sentido del oído para calcular las distancias, así como el tacto y el olfato para percibir los objetos antes de tomar las fotografías.

En diversos lugares del mundo se conoce el trabajo de fotógrafos ciegos, entre los que destacan el esloveno Evgen Bavcar, con obras como: *Miradas táctiles*, *Nostalgia de la Luz*, *Naturaleza muerta* y *Apariciones*; y el mexicano Gerardo Nigenda con las obras *De vuelta al hogar, Sergio, amigo,* y *Niño cuyo nombre no me acuerdo.*

Es interesante acercarnos a conocer el pensamiento de uno de estos artistas:

"¿Qué es entonces una mirada? Es quizá la suma de todos los sueños de los cuales olvidamos la parte de pesadillas, cuando podemos mirar de otra manera. Además, las tinieblas no son más que una apariencia, ya

que la vida de toda persona, por más sombría que sea, está hecha también de luz. Y del mismo modo que el día nace con el canto de los pájaros, he aprendido a distinguir la voz de la mañana de la voz de la tarde."

Evgen Bavcar[5]

CINE Y DISCAPACIDAD

El cine es una proyección sucesiva de fotografías impresas sobre una cinta para dar la impresión de imágenes en movimiento. Es considerado como el séptimo arte, ya que a través de las películas muestra la creatividad de los autores para narrar, montar y expresar diversas situaciones de la vida.

La discapacidad es una condición de vida que ha sido expresada en diversas cintas, llevando a la pantalla este tema, que de otra forma no hubiera podido mostrar la participación de estas personas en la sociedad.

Ver alguna de estas películas es una alternativa para acercarnos a mirar y entender un poco más acerca de lo que implica vivir con una discapacidad.

❀ *Luces de la Ciudad* (*City Lights*, 1931). País de origen: Inglaterra. Director: Charles Chaplin. Reparto: Charles Chaplin y Virginia Cherrill.

Esta película relata la historia de una florista ciega que se enamora de Charles Chaplin, un vagabundo que se hace pasar por un hombre adinerado y le ayuda a conseguir dinero para devolverle la vista.

✣ *Los mejores años de nuestra vida* (*The best years of our lives*, 1946). País de origen: Estados Unidos. Director: William Wyler. Reparto: Fredric March y Myrna Loy. Esta cinta narra la historia de tres soldados americanos que regresan de la guerra, mostrando las dificultades que encuentran para readaptarse a su sociedad al presentar una discapacidad provocada durante las batallas.

✣ *El octavo día* (*Le huitieme jour*, 1996). País de origen: Francia. Director: Van Dormael. Reparto: Daniel Auteuil y Pascal Duquenne.
Esta película cuenta la historia de un joven con síndrome de Down con sus ideas y fantasías, quien cambia la vida de un ejecutivo malhumorado e insensible, al mostrarle una nueva perspectiva para vivir.

✣ *Mi pie izquierdo* (*My left foot*, 1989). País de origen: Inglaterra-Irlanda. Director: Jim Sheridan. Reparto: Daniel Day-Lewis y Brenda Fricker.
La historia relata la vida de Christy Brown, quien, aunque vivió con una parálisis cerebral severa, logró convertirse en escritor y pintor, además de llevar una vida independiente.

✣ *El color del paraíso* (*Rang-e Khoda*, 1999). País de origen: Irán. Director: Majid Majidi. Reparto: Mohsen Ramezani y Hossein Mahjoub.

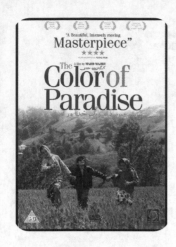

Cinta que relata la historia cotidiana y las dificultades familiares a las que se enfrenta un pequeño con discapacidad visual que vive en una zona rural.

✿ *El baño* (*Xizao*, 1999). País de origen: China. Director: Zhang Yang. Reparto: Zhang Yang, Lou Fendou y Hou Xin.
Esta película cuenta la historia de dos hermanos que se reencuentran después de un largo tiempo cuando muere su padre. Uno de los protagonistas presenta discapacidad intelectual y en la cinta se observa cómo los lazos que se establecen en la familia en estos casos son muy especiales.

✿ *Padre e hijo* (*Le chiavi di casa*, 2004). País de origen: Italia. Director: Gianni Amelio. Reparto: Kim Rossi Stuart, Andrea Rossi y Charlotte Rampling.
Esta historia relata la difícil situación que enfrenta un padre cuando se entera de que su hijo presenta una parálisis cerebral. En este caso, el padre se aleja por varios años y más tarde se reencuentran para establecer un lazo parental.

✿ *El llanto de la mariposa* (*Le scaphandre et le papillon*, 2007). País de origen: Francia. Director: Julian Schnabel. Reparto: Mathieu Amalric y Emmanuelle Seigner.
Esta cinta trata sobre la vida de un escritor que después de un accidente queda parapléjico y sin poder hablar. A pesar de su condición, conoce a una enfermera con quien establece una nueva forma para comunicarse y logra escribir un libro.

✿ *Gaby, una historia verdadera* (1987). País de origen: México-Estados Unidos. Director: Luis Mandoki.

Reparto: Rachel Levin, Norma Aleandro y Liv Ullman. Esta película cuenta la historia de Gaby Brimmer, quien fue una activista y escritora que vivió con una parálisis cerebral que sólo le permitía mover uno de sus pies.

❋ *Yo soy Sam* (*I am Sam*, 2001). País de origen: Estados Unidos. Director: Jessie Nelson. Reparto: Sean Penn y Michelle Pfeiffer.

En esta cinta se narra la vida de Sam, un joven con discapacidad intelectual a quien se le niega el derecho a la paternidad por su condición; sin embargo, hace todo lo posible por estar cerca de su hija.

❋ *Castillos de hielo* (*Ice castles*, 1978). País de origen: Estados Unidos. Director: Donald Wryne. Reparto: Colleen Dewhurst, Jenniffer Warren y Robby Benson. Esta película aborda el tema de la discapacidad visual, a través de la historia de una patinadora de hielo quien tras un accidente pierde la vista.

❋ *Una ventana al cielo* (*The other side of the mountain*, 1975). País de origen: Estados Unidos. Director: Larry Peerce. Reparto: Marilyn Hasset, Beau Bridges y William Bryant.

En esta cinta se cuenta la historia de Hill, una esquiadora profesional, que después de un accidente presenta una discapacidad motriz y aun con su condición, establece una intensa relación de pareja.

❋ *Bailando en la oscuridad* (*Dancer in the dark*, 2000). País de origen: Dinamarca. Director: Lars von Trier. Reparto: Björk, Catherine Deneuve y David Morse.

Esta película narra la vida de una madre soltera que está perdiendo la vista y teme que a su niño le suceda lo mismo, por lo que se esfuerza para conseguir el dinero que necesita para la operación de su hijo.

* *El milagro de Anne Sullivan* (*The miracle worker*, 1962). País de origen: Estados Unidos. Director: Arthur Penn. Reparto: Anne Bancroft, Paty Duke y Andrew Prine.
  En esta cinta se cuenta la historia de Hellen Keller, quien a través de su maestra Anne Sullivan, logra poder comunicarse y destacar profesionalmente a pesar de presentar múltiples discapacidades.

* *Cuando los hermanos se encuentran* (*Rainman*, 1988). País de origen: Estados Unidos. Director: Barry Levinson. Reparto: Dustin Hoffman y Tom Cruise.
  Esta película cuenta las aventuras que viven dos hermanos con mucho dinero, uno de los cuales presenta autismo.

* *Yo también* (2009). País de origen: España. Director: Álvaro Pastor Gaspar. Reparto: Lola Dueñas y Pablo Pineda.
  Esta historia trata sobre la vida de un joven con síndrome de Down que es independiente, trabaja y se enamora.

* *Rojo como el cielo* (*Rosso come il cielo*, 2006). País de origen: Italia. Director: Cristiano Bortone. Reparto: Luca Capriotti y Paolo Sassanelli.

Esta cinta narra la vida del sonidista italiano Mirco Mencacci, que perdió la vista a los 10 años y fue llevado a una escuela para ciegos donde enfrentó los obstáculos de la sociedad para integrar a personas con discapacidad. En esta historia se muestra también la creatividad especial que pueden aportar quienes presentan una discapacidad visual.

✤ *Amigos* (*Untouchable*, 2012). País de origen: Francia. Directores: Olivier Nakache y Eric Toledano. Reparto: François Cluzet y Omar Sy.

Esta historia narra la relación de amistad que establecen un millonario y su enfermero después de que él se queda paralítico tras un accidente.

RADIO, TELEVISIÓN Y DISCAPACIDAD

La radio es el medio de comunicación de mayor alcance debido a que llega a cualquier lugar y puede ser escuchado simultáneamente por millones de personas, independientemente de su edad, su condición de vida y el lugar donde se encuentren. La radio está realmente disponible para todos; es una propuesta interesante y atractiva para diversos tipos de audiencia.

Cuando se habla de radio, se piensa sólo en los sonidos, las palabras y los silencios; sin embargo, todos sabemos que es mucho más que eso, ya que el medio involucra a quien lo escucha a través de la reflexión, la imaginación y los sentidos. Escuchar la radio es como tener una película en la mente, en la que cada quien va construyendo sus propias imágenes y participa formando su propia opinión.

La radio es una buena compañía para las personas con discapacidad, al transformar sus dificultades en posibilidades para desplazarse a otros lugares, ver imágenes o relacionarse con otros, encontrando en ella una alternativa para eliminar las barreras que les obstaculizan.

Sirve para que se expresen de manera libre y espontánea sin tener que hacer evidente su discapacidad, mostrando también sus capacidades artísticas y creativas. Así, se abre una posibilidad para dar a conocer a la sociedad todo lo que pueden hacer, contribuyendo así a su integración, a cambiar la percepción que se tiene de ellas, a modificar la forma de escucharlas y mirarlas, y a considerar que son seres que pueden desarrollarse plenamente aun con su situación de vida.

Con la difusión de estos contenidos a través de la radio, se contribuye cada vez más a disminuir y modificar las barreras físicas y mentales que existen en nuestra sociedad, propiciando la participación e integración de las personas que viven con una discapacidad.

Hay diversos programas en los medios de comunicación que abordan el tema de la discapacidad y que son realizados por personas que viven con esta condición. Escucharlos es también una manera de acercarse y conocer lo que es la discapacidad: *La Pirinola* y Programa *Discapacitarte,* Instituto Mexicano de la Radio (en línea por: Radio México Internacional).

TEATRO Y DISCAPACIDAD

El teatro es el arte escénico que representa historias a un público con la actuación de diversos personajes. El significado etimológico de la palabra teatro es "lugar para contemplar".

Hay compañías de teatro que incluyen en sus representaciones a personas con discapacidad para interpretar a sus personajes en igualdad de circunstancias que los demás actores. En estas obras, los actores con discapacidad pueden mostrar su talento en el escenario interpretando personajes que presenten su condición, así como otras situaciones. El objetivo de montar obras de teatro realizadas por personas con discapacidad puede ser terapéutico o artístico.

Debido a las múltiples habilidades que se necesitan para representar algunos personajes en el teatro, no es muy común que las personas con discapacidad se dediquen a la actuación, como ocurre con otras expresiones artísticas como la música, la literatura y la pintura.

Algunas compañías de teatro están formadas por artistas que presentan el mismo tipo de discapacidad y otras cuentan con integrantes que viven con diversas discapacidades o sin discapacidad, lo que se conoce como teatro integrado.

A los artistas con discapacidad se les dificulta realizar las mismas habilidades que a cualquier otro actor, como memorización, atención, trabajo en grupo y coordinación de movimiento, entre otros. En estos casos, se deberá tomar en cuenta que los actores con discapacidad intelectual y auditiva deberán mejorar la atención y la vocalización, los ciegos deberán considerar las dificultades de ubicación en el escenario y aquellos con discapacidad motriz deberán tomar en cuenta la accesibilidad.

En los últimos años han aumentado el número de compañías en las que participan actores con discapacidad, que sensibilizan a la sociedad en general sobre este tema a través de sus representaciones.

Algunas de éstas son:

El grupo "Seña y Verbo", que representa obras en lengua de señas para difundir la cultura entre las personas con discapacidad auditiva.

El grupo "Un nuevo amigo", que aborda el tema de la integración de las personas con discapacidad intelectual.

El grupo "Teatro de Movimiento", que es una agrupación artística donde se comparten experiencias para reconocerse a través de las diferencias. Se utilizan las artes plásticas, la música, la poesía, la danza y el teatro, codificando un arte dancístico y teatral a partir de los límites y posibilidades expresivas del cuerpo en situaciones extremas por la discapacidad. Durante su trayectoria han representado obras como: "Sueños blancos" e "Historias violentas de pasión y muerte".

También se pueden mencionar otras obras de teatro que consideran el tema de la discapacidad como:

- *Veinte años después*; teatro hecho por invidentes para personas normovisuales.
- *El misterio del circo donde nadie oyó nada*; teatro de niños que busca generar empatía hacia las personas sordas.
- *Variaciones sobre las aves*; puesta en escena acerca de las diferencias humanas y la capacidad de trascender las dificultades.
- *Música para la ceguera*; representación teatral y musical interactiva para sensibilizar a las personas con discapacidad.
- *El curioso incidente del perro a medianoche*, obra teatral que aborda el tema del autismo.

DEPORTE Y DISCAPACIDAD

El deporte es una actividad física que mediante el movimiento, la coordinación, la adquisición de destrezas, así como el seguimiento de reglas y rutinas, mejora la calidad de vida de las personas favoreciendo la adaptación, la convivencia y la competencia.

Durante mucho tiempo, se consideró que las personas con discapacidad no tenían la posibilidad de practicar deportes debido a las dificultades físicas que presentaban. Fue a partir de la Segunda Guerra Mundial que comenzaron a realizarse competencias deportivas para los soldados que quedaron lesionados.

Desde entonces, cada vez se han ampliado más los espacios para que las personas con discapacidad puedan practicar diversos deportes. Además, se han incluido las competencias paralímpicas dentro de los Juegos Olímpicos, lo que ha promovido la participación de las personas que viven con esta condición en el ámbito deportivo.

Es interesante mencionar que el esfuerzo, la disciplina y la tenacidad de los deportistas con discapacidad, los han llevado a obtener muchos logros y a desafiar las adversidades.

Algunos de los deportes que practican con mayor frecuencia las personas con discapacidad son: atletismo, natación, ciclismo, básquetbol, futbol y tenis.

En realidad, quienes viven con esta condición pueden practicar cualquier deporte, siempre y cuando reciban un entrenamiento especial y se lleven a cabo las adaptaciones necesarias según el tipo de discapacidad que presenten. Por ejemplo, las personas con discapacidad motriz pueden requerir sillas de ruedas adaptadas y quienes tienen discapacidad visual necesitan guiarse por sonidos en las competencias.

Los niños con discapacidad pueden empezar a hacer deporte desde pequeños, por lo que se recomienda llevarlos a cursos y clases con entrenadores que tengan la disposición para trabajar con ellos, adaptar espacios con pisos cubiertos de material suave y utilizar pelotas con cascabeles.

Entre los deportistas con discapacidad que han destacado en diferentes disciplinas se encuentran: Aimé Mullins, atleta estadounidense que utiliza prótesis en las piernas; Aaron Fotheringham, deportista estadounidense que utiliza la silla de ruedas como patineta extrema; Chris Waddell, alpinista estadounidense con lesión medular y Enhamed Enhamed, nadador español con discapacidad visual.

Durante los últimos años en México, los deportistas con discapacidad han demostrado cada vez más su talento y disciplina al participar en diversas competencias y lograr el reconocimiento internacional. Ejemplo de ello es Cristina Hoffman, tenista mexicana con discapacidad motriz.

Muchos de los deportistas mexicanos participan en Juegos Paralímpicos Panamericanos y Paralímpicos mundiales.

Entre ellos podemos mencionar a: Aarón Gordian y Saúl Mendoza, atletas con discapacidad motriz, especialistas en pruebas de pista; Gustavo Sánchez (Premio Nacional del Deporte 2012), nadador profesional quien nació sin un brazo y ambas piernas; Vianey Trejo, nadadora que presenta una discapacidad intelectual y Mariana Díaz, nadadora con baja estatura; Amalia Pérez, especialista en levantamiento de pesas con discapacidad motriz; María de los Ángeles Ortiz, reconocida en lanzamiento de bala, quien utiliza una prótesis en la pierna izquierda, y José Antonio Báez, quien destaca en el tiro con arco en silla de ruedas.

Acercándose a la vida cotidiana de la discapacidad

La familia es el primer espacio donde una persona con discapacidad se desarrolla, conoce el mundo y establece relaciones afectivas y sociales. Dentro del núcleo familiar, el niño con discapacidad adquiere las herramientas y las bases que le permitirán adaptarse posteriormente a la escuela, así como a la vida social y laboral.

La aceptación que muestre la familia en torno a la discapacidad será determinante para lograr la integración en los diversos ámbitos; por eso es importante que los niños con discapacidad participen de las actividades familiares, sean educados por sus padres, jueguen y peleen con sus hermanos, tengan oportunidades de desarrollo y adquieran responsabilidades.

Los abuelos, tíos, primos o amigos cercanos pueden apoyar también la integración de estos pequeños, involucrándose en su cuidado y desarrollo, así como estableciendo una buena relación con el pequeño.

Por último, la familia juega un papel fundamental para impulsar a los niños en el logro de sus propósitos, deseos y expectativas al conocer sus gustos, habilidades e intereses.

"Por más que llegue a aprender un niño con discapacidad en una escuela, siempre les enseñará más a sus maestros y compañeros."

Anónimo

Además de tener la función de enseñar a los niños los conocimientos teóricos, la escuela es el espacio donde adquieren las herramientas y habilidades para desempeñarse en la vida, participando activamente como alumnos.

Después de la familia, la escuela se convierte en el segundo lugar en el cual aprenden a convivir con un grupo de pequeños de la misma edad, a resolver problemas cotidianos de manera independiente, así como a respetar los límites y la autoridad.

Los niños con discapacidad tienen derecho a recibir una educación que les permita aprender y que promueva su integración social en la vida cotidiana; por esto, los centros educativos deben incluir a los niños con discapacidad en sus aulas.

Se ha observado que para que un niño con discapacidad pueda integrarse en la escuela, debe contar con la disposición

de sus maestros y la comunidad en general, así como con las adaptaciones necesarias para hacerla accesible.

Es importante considerar el grado de discapacidad que presenta cada niño para elegir la escuela adecuada a sus necesidades, como puede ser una especial o de educación inclusiva.

Acercándose a las instituciones de asistencia

Diversas instituciones públicas y privadas ofrecen atención a las necesidades especiales que presentan los niños con distintos tipos de discapacidad. Acercarse a estos lugares para conocer información específica sobre cada tipo de discapacidad, permitirá decidir entre las alternativas que se encuentren para atender al pequeño.

En estos centros se llevan a cabo actividades, talleres, terapias, cursos para padres y se tiene la oportunidad de conocer a otras personas que viven con niños que presentan esta condición.

Algunas de estas instituciones en nuestro país que prestan apoyo son: el DIF (Desarrollo Integral de la Familia), el Centro Nacional de Rehabilitación, el Instituto Nacional para la Rehabilitación de Niños Ciegos y Débiles Visuales, la Fundación John Langdon Down y APAC (Asociación Pro Parálisis Cerebral).

"Los programas y actividades que integran a las personas con discapacidad intelectual en la sociedad a la que pertenecen, son aceptados fácilmente en la teoría; en la realidad, su aplicación es todo un arte."

Anónimo

En los últimos años ha aumentado el número de estudiantes con discapacidad inscritos en las universidades del mundo. Esto se debe a que las instituciones educativas se han abierto cada vez más a la diversidad.

En nuestro país, diversas universidades se han adaptado para integrar a las personas que presentan discapacidad motriz, visual y auditiva.

Aun cuando podemos observar estos avances en la inclusión educativa, las personas con discapacidad intelectual son quienes han encontrado más dificultades para insertarse y participar en la vida universitaria. En este sentido, se han logrado avances para que estos jóvenes realicen diversas actividades que contribuyan a su formación personal y profesional dentro de las instituciones de educación superior.

A través de estos programas, se compromete también a la comunidad universitaria a cultivar y desarrollar el respeto a las diferencias, la no discriminación y la formación de una cultura incluyente, al convertirse en defensores de los derechos de sus compañeros, así como en sus amigos y futuros empleadores.

El proyecto "Construyendo Puentes": transición a la vida adulta independiente de jóvenes con discapacidad intelectual, que se lleva a cabo principalmente en varias universidades, es un modelo para que las personas con cualquier tipo de discapacidad se integren en la universidad.

ACERCÁNDOSE AL TRABAJO

El trabajo es la actividad física o mental a través de la cual se producen bienes o servicios para atender las necesidades de las personas.

El trabajo es un derecho del que gozan las personas con discapacidad; sin embargo, durante muchos años se consi-

deró que no eran capaces de realizar actividades por sí mismas, pensándose incluso que ocasionarían dificultades, por lo que no tenían la posibilidad de participar en la vida laboral.

Esto ha cambiado paulatinamente y cada vez se abren más espacios para incluir a las personas con discapacidad en museos, empresas, tiendas, aeropuertos, fábricas, cafeterías, cines, instituciones del gobierno, así como en escuelas y talleres.

La discapacidad no debe ser un obstáculo para incorporarse al trabajo, por lo que es necesario ser constantes para que la sociedad encuentre alternativas e integre cada vez más a quienes viven con esta condición.

Por medio del trabajo, las personas con discapacidad pueden adquirir independencia, relacionarse con los demás, así como aportar sus habilidades y conocimientos a la sociedad.

ACERCÁNDOSE A LA VIDA SOCIAL

La vida en sociedad implica la convivencia en diversos espacios con amigos, vecinos, familiares y mascotas. Como todos, las personas con discapacidad necesitan participar en actividades sociales para desarrollarse adecuadamente, relacionarse con los demás, así como aprender y divertirse.

Durante muchos años, estas personas se veían limitadas para asistir a lugares recreativos. En la medida en que se han abierto espacios accesibles y que la sociedad incluye a quienes viven con una discapacidad, se obtienen beneficios para todos al aceptar y aprender de las diferencias.

En la actualidad, los niños con discapacidad pueden tener una vida social desde pequeños conviviendo con sus amigos y asistiendo a fiestas, parques, cines y centros deportivos, entre otros.

Desde hace tiempo se ha observado que las personas con discapacidad tienen habilidades para desempeñar diversas actividades recreativas que pueden tener también la función de ser una terapia ocupacional. De esta manera pueden sentirse productivas al adquirir herramientas para aprender un oficio, adaptarse a una disciplina, obtener beneficios económicos que favorezcan su independencia, y establecer vínculos con otras personas a través de la convivencia.

Entre estas actividades podemos mencionar la preparación de alimentos como tamales, dulces, chocolates y galletas, el trabajo creativo que les permite elaborar diversos objetos como: jabones, velas, papel repujado, tejido, cerámica, trabajo en madera y otras actividades recreativas como la jardinería.

Es importante tomar en cuenta que al adquirir estos productos estamos contribuyendo al desarrollo y a la inserción social de quienes viven con esta condición.

Acercándose a la vida de personajes famosos con discapacidad

Capítulo 4

HOMERO (SIGLO XVIII A. C.)

Poeta griego de la Antigüedad, considerado el autor de las principales poesías épicas griegas, entre las que destacan: "La Iliada" y "La Odisea".

En la figura de este personaje se mezclan elementos de la realidad con las leyendas. La tradición cuenta que Homero fue ciego desde su infancia debido a una enfermedad que afectó su vista. También se menciona que su nombre surgió de un juego de palabras derivado de la expresión *ho me horon*, que significa "el que no ve".

Homero fue admirado, imitado y citado por múltiples poetas, filósofos y artistas griegos, y su biografía se encuentra rodeada de profundos misterios.

FRANCISCO DE GOYA (1746-1828)

Pintor, retratista y grabador español. Su obra es muy amplia y reconocida, siendo uno de los iniciadores de la corriente del Romanticismo. Entre sus trabajos encontramos pinturas de caballete, grabados, murales, estampas, dibujos y retratos.

Durante su vida sufrió varias enfermedades mal atendidas, que lo llevaron a la disminución de algunas de sus capacidades físicas y a vivir con una sordera definitiva que le impuso la necesidad de comunicarse con los demás por medio de la escritura, la lectura de labios y el lenguaje de las manos.

La sordera afectó su carácter; incluso se cree que tuvo un trastorno psiquiátrico que lo llevó al aislamiento y esta situación ejerció una influencia importante que se manifiesta en su obra.

Entre sus principales creaciones se cuentan: *La Maja Desnuda*, *Los desastres de la guerra*, *Las pinturas negras* y *El quitasol*. También realizó numerosas pinturas religiosas, autorretratos y retratos de familia.

LUDWIG VAN BEETHOVEN (1770-1827)

Compositor, pianista y director de orquesta alemán, reconocido como uno de los más grandes compositores de la historia.

Desde que era muy pequeño, su padre descubrió las cualidades musicales que mostraba su hijo, por lo que le enseñó a tocar algunos instrumentos como el piano, el órgano y el clarinete. A los ocho años de edad dio su primer concierto.

Después de esta experiencia, Beethoven empezó a interesarse en perfeccionar sus estudios musicales y recibió clases particulares de reconocidos maestros de aquella época.

A los once años, fue violinista en una orquesta de teatro y a los trece, sustituyó a su maestro en el órgano de la iglesia. Compuso algunas de sus obras desde la infancia. Durante su juventud comenzó a dar a conocer algunas de estas composiciones en conciertos y fiestas para la nobleza.

Su carrera comenzó a despuntar exitosamente; sin embargo, se interrumpió a causa de la aparición paulatina de la sordera prematura que lo aisló de su entorno.

A pesar de su condición –la cual afectó su estabilidad–, su fuerza y pasión lo llevaron a continuar la creación de su obra musical. Fue durante esta época cuando compuso música de cámara, sonatas para piano, sonatas para cuerda y música para acompañamiento orquestal, piezas en las que podemos conocer sus más íntimos sentimientos.

Algunas de sus obras más importantes son: *Sinfonía número 9, Misa Solemne, Sonata Patética, Claro de Luna* y *Para Elisa*.

LORD BYRON (1788-1824)

Poeta inglés considerado uno de los principales representantes del Romanticismo.

Este autor nació con una deformidad en el pie derecho y con los huesos muy frágiles, lo que hizo que los médicos de la época le pronosticaran que contraería inmovilidad corporal. Sin embargo, su fortaleza lo impulsó a caminar desde niño y con el tiempo escondió su cojera bajo la apariencia de movimientos excéntricos.

Fue un hombre culto y extravagante que participó en movimientos revolucionarios en Italia y Grecia, donde perdió la vida.

Dentro de su obra poética se encuentran títulos como: *Horas ociosas, El sueño, El deformado transformado, A mis treinta y seis años* y *Don Juan*, la cual quedó incompleta a su muerte.

LOUIS BRAILLE (1809-1852)

Músico y educador francés que inventó el sistema de lectura y escritura para personas ciegas que lleva su nombre.

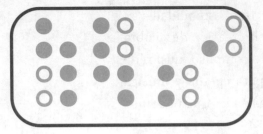

Su padre tenía un taller de talabartería y utilizaba herramientas afiladas para cortar y perforar el cuero. Cuando tenía tres años de edad, se lesionó un ojo con uno de estos instrumentos, lo que le causó una infección que provocó que perdiera la vista por completo.

A partir de entonces, su madre se dedicó a leerle los libros en voz alta y su padre le enseñó a leer plasmando las letras en relieve sobre una tabla de madera o sobre un trozo de cuero. Es importante mencionar que la familia de Braille lo impulsó a llevar una vida normal, como cualquier otro pequeño de su edad.

Louis Braille era un niño inteligente y continuó su educación con métodos especiales para invidentes que se utilizaban en aquella época.

Dada la importancia especial de la música en su vida, con el tiempo Louis se convirtió en instrumentista, profesor de música, creador del sistema de notación musical para uso de personas ciegas y de nuevas formas de comunicación entre la escritura musical en tinta y en relieve, para ser interpretadas tanto por personas videntes como por ciegos.

Después de conocer un código alfabético usado por el ejército francés para mandar mensajes secretos que consistía en una serie de puntos y guiones escritos en relieve sobre el papel, los cuales podían ser descifrados al pasar los dedos sobre los signos, dedicó gran parte de su tiempo a crear un alfabeto con esta idea para que los ciegos pudieran leer y escribir a través del tacto. Posteriormente comenzó su labor de enseñanza de este método.

Louis Braille transformó la vida de las personas con discapacidad visual al promover la comunicación escrita y tuvo una influencia importante en el arte de su tiempo para que las personas ciegas pudieran aprender a interpretar música.

HENRI DE TOULOUSSE-LAUTREC (1864-1901)[6]

Pintor y cartelista francés que se destacó por representar en sus obras la vida nocturna de París a finales del siglo XIX. Perteneció a la generación del postimpresionismo.

Nació en una familia que pertenecía a la nobleza y sus padres eran parientes entre sí, lo que afectó la vida del artista, pues padeció una enfermedad conocida como picnodisostosis, la cual no permite el desarrollo favorable de los huesos y ocasiona fuertes malestares.

Cuando tenía diez años, debido a la enfermedad, tuvo fracturas en los fémures, lo que causó que apenas alcanzara menos de un metro y medio de estatura.

Desde muy pequeño, descubrió su talento para el dibujo y con el apoyo de su familia estudió en talleres de pintura con maestros de la época.

Vivió en el barrio de Montmartre, donde conoció a pintores, artistas y bohemios de aquel tiempo, lo que lo acercó al mundo del vicio y la extravagancia, mismos que le provocaron dificultades que desencadenaron en su muerte.

[6] <a href="http://www.shutterstock.com/gallery-560521p1.html?cr=00&pl=edit-00">YANGCHAO</a> /
<a href="http://www.shutterstock.com/?cr=00&pl=edit-00">Shutterstock.com</a>

Algunos años después de su fallecimiento, su madre y personas interesadas en sus creaciones abrieron el Museo Toulousse Lautrec, el cual recibe numerosas visitas y es reconocido por su colección.

Algunas de sus principales obras son: *Autorretrato en el espejo, El actor Henry Samary, Baile en el Moulin Rouge, Salón de la Rue des Moulins, Jardín de París* y *La toilette*.

WINSTON CHURCHILL (1874-1965)[7]

Destacado político británico y primer ministro de su país en dos ocasiones.

En el año de 1953, ganó el premio Nobel de Literatura por sus libros históricos, autobiográficos y de historias de familia. Asimismo, recibió diversos premios por su trabajo encaminado a promover la paz y los derechos humanos.

Churchill ha sido también reconocido por sus múltiples aptitudes en el ámbito de la oratoria, el periodismo y la pintura, arte en el que firmaba con el pseudónimo de "Charles Morin".

Durante su infancia estudió en internados, mostrando serios problemas de aprendizaje y de conducta que se reflejaban en rebeldía y falta de dedicación en sus labores. Esto hizo que sus maestros pensaran que no podría continuar su formación debido a sus deficiencias.

Ya en su adolescencia, Winston ingresó a la Academia Militar donde cambió radicalmente su comportamiento, convirtiéndose en uno de los alumnos más destacados.

[7] <a href="http://www.shutterstock.com/gallery-631318p1.html?cr=00&pl=edit-00">chrisdorney</a> /
<a href="http://www.shutterstock.com/?cr=00&pl=edit-00">Shutterstock.com</a>

Winston Churchill ocupó diversos cargos políticos, entre ellos el de Primer Ministro del Reino Unido, y participó activamente en la Primera y la Segunda Guerra Mundial, así como en la restauración de Europa en la posguerra.

Durante sus últimos años, un accidente cerebrovascular paralizó el lado izquierdo de su cuerpo, lo que deterioró su estado físico.

Entre sus principales obras encontramos libros históricos, autobiográficos, de historias de guerra y de familia, como: *The River War* y *Marlborough: His Life and Times*.

Helen Keller (1880-1968)[8]

Escritora, activista y oradora estadounidense, quien presentó varias discapacidades desde la infancia.

Cuando tenía un año y medio de edad, Helen quedó sorda y ciega debido a una fiebre alta que se presentó por una enfermedad infecciosa, hasta ahora no identificada. En esos momentos, la situación alteró su conducta y su desarrollo, lo que le causó una ansiedad incontrolable y su aislamiento de los demás.

Tiempo después, sus padres decidieron que la niña necesitaba una institutriz y contrataron a Anne Sullivan, quien le enseñó a comunicarse con otras personas, a leer, escribir y tener disciplina.

Anne Sullivan le pedía a Helen que tocara los objetos y deletreaba el nombre de la pieza que la niña tenía en la mano; así aprendió a leer. Para enseñarle a escribir, se le consiguió un tablero con un diseño especial en el que pudiera calcar y formar las letras. Para enseñarle a hablar, Anne ponía la mano de la niña en la garganta con el fin de que

USA
15¢

HELEN KELLER
ANNE SULLIVAN

[8] href="http://www.shutterstock.com/gallery-790384p1.html?cr=00&pl=edit-00">catwalker</a> / <a href="http://www.shutterstock.com/?cr=00&pl=edit-00">Shutterstock.com</a>

pudiera sentir las vibraciones que produce el sonido. Posteriormente, recurriendo a la técnica de médicos profesionales la niña mejoró sus habilidades de comunicación.

Con el paso del tiempo, Helen Keller fue a la universidad y se graduó con honores. Publicó su primer libro en 1902, titulado *La historia de mi vida* y se dedicó a dar conferencias acerca de su biografía, acompañada de su amiga Anne Sullivan, quien siempre estuvo a su lado para apoyarla.

JAMES JOYCE (1882-1941)

Escritor irlandés reconocido por crear un nuevo estilo literario, que ejerció gran influencia durante el siglo XX.

Su familia, tradicional y muy religiosa, lo envió desde su infancia a internados en los que desarrolló una gran imaginación que tiempo después plasmó en sus obras.

Sus padres le transmitieron el gusto por la música, la cual también causó un efecto en su creación literaria.

De carácter muy apasionado, mantuvo una larga correspondencia con Nora Bernacle, quien se convirtió en su esposa. Joyce sufrió varias dificultades ocasionadas por sus adicciones y por su carácter.

Desde niño presentó dificultades en la visión y durante su juventud padeció iritis, enfermedad que lo llevó a perder casi por completo la vista. En consecuencia, tuvo que someterse a múltiples intervenciones quirúrgicas.

A pesar de su situación, Joyce continuó escribiendo y parece que su ceguera le dictaba fragmentos con un contenido muy especial.

Sus obras más importantes son su novela autobiográfica: *Retrato del artista adolescente, Ulises* y *Música de cámara.*

FRANKLIN DELANO ROOSEVELT (1882-1945)

Político, diplomático y abogado de origen estadounidense, quien ocupó el cargo de Presidente de Estados Unidos por cuatro periodos consecutivos, durante más de doce años.

Proveniente de una familia influyente en las decisiones políticas de su país, a una edad temprana Roosevelt se interesó por esta disciplina. Fue miembro del partido demócrata y desempeñó puestos políticos desde muy joven.

En su vida adulta incursionó en diversas áreas de la política e hizo diversas aportaciones para mejorar la economía de su país. Vivió eventos importantes como la Primera Guerra Mundial y la Gran Depresión de 1929 y, durante su Presidencia, afrontó momentos críticos de la historia de Estados Unidos, como la Segunda Guerra Mundial. De hecho, junto con Winston Churchill y otros mandatarios, participó en los acuerdos para finalizarla.

Durante su vida adulta, antes de convertirse en Presidente, Roosevelt enfermó de poliomielitis y quedó paralizado de la cintura para abajo. Aun cuando dedicó gran parte de su tiempo a rehabilitarse, no logró hacerlo del todo; sin embargo, recuperó algunos movimientos y fue capaz de mantenerse de pie.

Es interesante observar cómo a pesar de su condición, este político logró conservar su imagen de fortaleza, de modo que muchos no se percataban de sus dificultades físicas.

Helen Taussig (1898-1986)

Médica estadounidense especializada en cardiología. Trabajó principalmente en el campo de la cardiología pediátrica e hizo innovaciones con un tratamiento de cirugía que permitió prolongar la vida de niños que presentaban algunas malformaciones cardiacas, como la conocida tetralogía de Fallot.

Desde pequeña, Helen tuvo problemas de dislexia y quedó sorda durante su juventud, por lo que aprendió a utilizar la lectura de los labios para escuchar a sus pacientes y sus dedos en lugar de un estetoscopio, para sentir el ritmo de los latidos del corazón.

La doctora Taussig escribió el libro *Malformaciones congénitas del corazón* y recibió varios premios por su destacada labor en la investigación médica. También perteneció a diversas asociaciones de médicos cardiólogos, en las cuales obtuvo el amplio reconocimiento de sus colegas.

Jorge Luis Borges (1899-1986)

Escritor de origen argentino, uno de los autores más destacados de la literatura del siglo XX.

Su padre fue un ávido lector y autor de una novela y su madre tradujo algunas obras del inglés al español.

Desde su juventud, Borges comenzó a presentar una falta progresiva de visión que denominó "un crepúsculo de medio siglo", debido a la cual requirió del apoyo de otras personas para poder seguir escribiendo su obra.

La discapacidad visual de Borges se debió a una enfermedad congénita que le ocasionó varios accidentes y lo obligó a someterse a diversos tratamientos. Esta condición cambió profundamente su vida y su práctica literaria.

Borges consideró una ironía que los médicos le prohibieran leer y escribir para evitar el avance de su ceguera. Sin embargo, continuó su creación literaria por medio del apoyo de otras personas que le leían los textos y escribían lo que les dictaba, principalmente de María Kodama, quien, además de ser sus ojos, fue su pareja y una mujer muy especial en su vida.

Algunas de sus obras más destacadas son los poemas: "El otro, el mismo", "Elogio de la sombra" y "La rosa profunda"; entre sus libros de relatos, traducidos a casi todos los idiomas, encontramos: *Ficciones*, *El Aleph*, *El jardín de los senderos que se bifurcan* y *El libro de arena*.

Joaquín Rodrigo (1901-1999)

Músico español que compuso piezas clásicas para piano, guitarra y orquesta.

Cuando tenía tres años contrajo difteria, la cual le causó la pérdida parcial de la vista, condición que lo acercó a la música desde su infancia. A los ocho años comenzó sus estudios de solfeo, violín y piano, y continuó su carrera musical.

Compartió su vida con la pianista francesa Victoria Kamhi, quien colaboró con él para destacar en su actividad. Con el objeto de preservar su legado, su hija fundó la empresa Ediciones Joaquín Rodrigo, conocida en diversos países.

Entre sus obras más destacadas se encuentran *Concierto de Aranjuez*, *Juglares*, *Cantos Madrigales Amatorios* y *Para la flor del lirio azul*.

Frida Kahlo (1907-1954)[9]

Artista mexicana que a través de sus pinturas expresó lo que implica vivir con discapacidad motriz.

Hija de un fotógrafo de origen germano húngaro y de una mujer con ascendencia española e indígena, a los siete años de edad Frida contrajo poliomielitis, la cual afectó el crecimiento de una de sus piernas. Además, durante el transcurso de su vida enfrentó diversas enfermedades, lesiones y cirugías que le hicieron conocer la discapacidad en su propio cuerpo.

A los dieciocho años, tuvo un accidente cuando viajaba en un tranvía, el cual le ocasionó una seria lesión en la columna vertebral y la obligó a permanecer en cama un largo tiempo. Durante su convalecencia comenzó a pintar y con el tiempo realizó una vasta obra en la que plasmó un estilo muy personal.

Tuvo contacto con intelectuales y destacados pintores de su época, entre ellos el muralista Diego Rivera, con quien se casó. En los últimos años de su vida, su salud sufrió un gran deterioro y poco antes de morir tuvieron que amputar una de sus piernas debido a una infección.

---

[9] Frida Kalho <ahref="http://www.shutterstock.com/gallery-403501p1.html?cr=00&pl=edit00">Toniflap</a> / <a href="http://www.shutterstock.com/editorial?cr=00&pl=edit-00">Shutterstock.com</a>

A pesar de las adversidades, Frida siempre se mantuvo trabajando en su disciplina artística y apoyando las manifestaciones sociales de su época.

Algunas de sus obras son: *Autorretrato con traje de terciopelo*, *El tiempo vuela*, *Las dos Fridas*, *La columna rota* y *El venado herido*.

RAY CHARLES (1930-2004)[10]

Cantante, pianista e intérprete de música jazz de origen estadounidense.

Charles perdió la vista en su infancia debido a un glaucoma, por lo que aprendió a tocar el piano de forma autodidacta, apoyado por clases de música en Braille.

Durante su vida fue creador de diversos géneros musicales y adquirió gran fama en diversos países. La historia de este músico se llevó a la pantalla en la cinta *Ray*, en el año 2004. Ray Charles grabó alrededor de cincuenta álbumes musicales y algunas de sus canciones más destacadas son "I gota a woman", "What'd I say", "Georgia on my mind", "Hit the Road Jack", "I´ll be good to you", "A song for you" y "You don´t know me".

JUAN GARCÍA PONCE (1932-2003)

Escritor mexicano autor de cuentos, novelas, drama, ensayo y crítica. Durante una época se interesó en la pintura, arte que influyó en parte de su obra literaria.

[10] href="http://www.shutterstock.com/gallery-790384p1.html?cr=00&pl=edit-00">catwalker</a> / <a href="http://www.shutterstock.com/?cr=00&pl=edit-00">Shutterstock.com</a>

Durante su juventud se le declaró esclerosis múltiple, padecimiento que le ocasionó una discapacidad motriz progresiva e irreversible, condición física que no le impidió continuar con su obra narrativa hasta poco antes de morir.

Juan García Ponce aprendió a vivir con su discapacidad y, aunque esto no era sencillo, no era lo más importante para él. Su inteligencia colocó a su personalidad por encima de su obra y era tanto un buen crítico de arte plástico como un buen escritor.

Juan García Ponce recibió varios premios literarios con los que se reconoció la calidad y trascendencia de sus escritos.

Algunas de sus obras más destacadas son: *Figura de paja, La aparición de lo invisible, Las huellas de la voz* y *Entre líneas, entre las vidas.*

CHRISTY BROWN (1932-1981)

Autor, pintor y poeta irlandés nacido con una parálisis cerebral que afectó gran parte de los movimientos de su cuerpo.

Christy perteneció a una familia numerosa y tradicional, que lo ayudó a desarrollarse e integrarse a pesar de que sólo podía mover su pie izquierdo.

Durante su infancia, su madre le enseñó el alfabeto con un tablero en el que aprendió a deletrear palabras y a leer. Sus hermanos lo incluían en todas sus actividades, transportándolo en un carrito llamado "Henry", en el que vivió muchas aventuras. Christy Brown tuvo una vida muy intensa, durante la cual aprendió a expresarse a través de la pintura. Aun con su difícil condición física, se casó con su enfermera Mary Car, con quien estableció una interesante relación de pareja. La historia de su vida fue llevada a la pantalla cinematográfica en la película *Mi pie izquierdo*.

Brown realizó diversas obras que alcanzaron gran reconocimiento como: *Mi pie izquierdo*, *Música de fondo: poemas*, *Una sombra en verano*, *Crecer los lirios silvestres* y *Una prometedora carrera*.

STEPHEN HAWKING (1942)[11]

Físico teórico, cosmólogo y divulgador científico originario de Inglaterra.

Hawking ha sido comparado con científicos como Newton, ya que entre sus estudios abarca destacadas investigaciones de física y cosmología. Además, cuenta con doce doctorados en diversas ramas científicas en los cuales recibió honores.

En su juventud le detectaron una enfermedad degenerativa de nombre esclerosis lateral amiotrófica (ELA), por la cual le pronosticaban muy pocos años de vida. Dado que la ELA ocasionó estragos en sus habilidades físicas, Hawking aprendió a comunicarse con otras personas por medio de un sintetizador de voz y a moverse con aparatos adaptados.

Durante este periodo, conoció a su primera esposa, Jane Wilde, quien le dio la fortaleza para luchar contra la enfer-

---

[11] <a href="http://www.shutterstock.com/gallery-370843p1.html?cr=00&pl=edit-00">David Fowler</a> /
<a href="http://www.shutterstock.com/?cr=00&pl=edit-00">Shutterstock.com</a>

medad y juntos procrearon tres hijos. Tras 25 años de matrimonio, se separaron y contrajo nupcias por segunda vez con su enfermera.

Hawking ha recibido numerosos premios, galardones y medallas por sus estudios. Asimismo, cuenta con títulos diversos reconocidos en el ámbito internacional, entre ellos el título de Catedrático de Matemáticas de la Universidad de Cambridge y el Premio Príncipe de Asturias.

Algunas de sus investigaciones más importantes son: la teoría del agujero negro, la topología del universo y la cosmología, además de la creación de un libro autobiográfico titulado *Una breve historia del tiempo*.

Actualmente continúa trabajando a pesar del serio deterioro de su cuerpo ocasionado por la enfermedad.

ITZHAK PERLMAN (1946)

Violinista contemporáneo nacido en Israel, reconocido como uno de los mejores violinistas del siglo XX.

Cuando tenía cuatro años de edad, contrajo poliomielitis, enfermedad que le causó discapacidad motriz. Esta condición lo acercó a la música clásica desde pequeño y aprendió a tocar el violín en la Academia de Música en Tel Aviv.

Itzhak ha tocado en las principales orquestas del mundo, llevando su música a diversos países, principalmente en Europa, América y Asia. También ha realizado grabaciones para programas de televisión, además de composiciones para películas entre la que destaca *La lista de Schlinder*.

Durante su trayectoria Perlman ha ganado quince premios Grammy, cuatro premios Emmy y la medalla de la Nación de la Libertad de Estados Unidos. Asimismo, ha interpretado sus composiciones en eventos de la Casa Blanca.

Actualmente, Perlman vive en Nueva York junto a su esposa, también violinista profesional y con quien tuvo cinco hijos.

Además, dedica gran parte de su tiempo a la defensa de los derechos de las personas con discapacidad, al impulsar activamente leyes para facilitar el acceso a los lugares públicos de quienes viven con esta condición.

EVGEN BAVCAR (1946)

Fotógrafo contemporáneo, originario de Eslovenia.

Cuando tenía once años, una rama le hirió el ojo izquierdo y unos meses después el detonador de una mina le lesionó también el ojo derecho.

En su adolescencia, tras haber perdido la vista, Bavcar se interesó por tomar fotografías. Debido a su carácter intelectual, un día tomó la primera foto sin ninguna pretensión artística.

Bavcar fue el primer profesor ciego de Eslovenia y se doctoró en Filosofía por la Universidad de la Sorbona. Más adelante ingresó como investigador al Centro Nacional de Investigación Científica de Francia.

En 1988 fue nombrado fotógrafo oficial del mes de la Fotografía en París y, desde entonces, ha montado más de 75 exposiciones de fotografía en varios países de Europa, Japón, Turquía, Canadá, Brasil, Costa Rica y México, a donde realizó su primer viaje fuera del continente europeo.

Parte relevante de su obra fotográfica son: *Autorretrato, Infancia, Miradas táctiles, Nostalgia de la luz, Caricias de la luz, Van Gogh o el sueño del sol, La mirada griega, Naturaleza muerta, Sueños eróticos, La noche* y *Apariciones*.

GABY BRIMMER (1947-2000)

Escritora y poeta mexicana, quien nació con una parálisis cerebral severa, la cual le impedía mover su cuerpo a voluntad, facultad que tenía sólo en su pie izquierdo.

Gracias a la educación recibida por su familia y al apoyo permanente de su nana, Florencia Morales, aprendió primero a comunicarse mediante un tablero y posteriormente, con una máquina de escribir la cual utilizaba con el pie.

Durante sus estudios de primaria, una profesora detectó su talento con las palabras y le recomendó ser escritora, actividad que comenzó a ejercer durante su juventud.

Debido a su condición estudió en escuelas especiales y regulares. Cursó la carrera de Sociología en la Universidad Nacional Autónoma de México y se interesó también por el periodismo. Participó en los movimientos estudiantiles de finales de la década de 1960 y también defendió los derechos de las personas con discapacidad.

Gaby era muy apasionada en su trabajo y sus relaciones con los demás. Durante su vida tuvo algunas relaciones de pareja y encontró numerosos obstáculos para conservarlas; sin embargo, decidió adoptar a una niña con quien pudo vivir la experiencia de ser madre.

Entre sus obras se encuentran poemas, artículos y su autobiografía *Gaby, una historia verdadera*, la cual fue llevada a la pantalla cinematográfica con el mismo título.

ANDREA BOCELLI (1958)

Tenor, compositor y productor musical italiano contemporáneo.

Desde los seis años inició sus estudios de música, comenzando por el piano, la flauta y el saxofón. Durante su juventud estudió también la carrera de derecho.

Debido a un glaucoma congénito y a un accidente de fútbol que le produjo una hemorragia cerebral, Bochelli perdió la vista cuando tenía doce años. Sin embargo, este artista no permitió que la ceguera terminara con su carrera y continuó su trayectoria musical durante años. Ahora es un cantante conocido internacionalmente que ha vendido más de sesenta y cinco millones de discos en todo el mundo y realiza giras para dar sus conciertos.

Andrea Bocelli ha grabado siete óperas completas, entre ellas: *Carmen*, *La Bohéme* y *Tosca*.

También ha realizado discos de música pop, por ejemplo: *Il mare calmo de la sera, Sogno, Andrea, Under the desert sky* y *I am backing on my own desire*, y de música clásica como: *Viaggo italiano, Hymn for the world, Verdi* y *Sentimiento*.

CARMINA HERNÁNDEZ (1962)

Artista plástica mexicana contemporánea, que estudió pintura, xilografía, linóleo, rotograbado y escultura en la Escuela Nacional de Artes Plásticas.

Carmina tiene parálisis cerebral desde su nacimiento. Para ella, el arte es un vehículo para la transformación huma-

na y, sobre todo, un medio para la inclusión en la sociedad.

Con estudios de arte-terapia y arte contemporáneo por la Universidad Autónoma Metropolitana, su trayectoria artística promueve un modelo de atención centrado en las características específicas de niños y adultos con discapacidad eliminando las barreras que los limitan y modificando su aporte a la sociedad.

Carmina Hernández lleva una vida independiente, imparte talleres de sensibilización con organizaciones sociales que trabajan con personas con discapacidad, entre los cuales destaca el llamado "Lugar común de lo diferente".

Entre las exposiciones que ha realizado esta artista podemos mencionar: "Los vientos me llevan", "El museo fuera del museo", "Poesía de lo cotidiano", "Celando la veta del deseo" y "Bosque".

Algunos de sus trabajos artísticos más destacados son: *Tú en mis corazones*, *Poema de amor* de la serie "Poema de amor sobre silla de ruedas", *Narcisa*, *Y esa cabeza que se dobla para escuchar un murmullo en la eternidad* y *Me han bajado todas las lunas, fuegos de lunas, lunas de agua, todas rotas las lunas me han bajado*.

HIKARI OÉ (1963)

Músico y compositor japonés contemporáneo.

Hikari nació con una hernia cerebral que le ocasionó una discapacidad intelectual y otras alteraciones que se manifestaron en síntomas como convulsiones y rasgos autistas.

Cuando era muy pequeño, Hikari tenía importantes dificultades para establecer contacto con otras personas. Sin embargo, Yukari Itami, su madre, descubrió en su hijo un gran interés por el canto de los pájaros y el sonido de la música, lo que permitió que se estableciera una comunicación muy especial entre ellos, la cual con el tiempo se extendió hacia otras personas.

Desde su infancia, este artista aprendió a tocar el piano con un método novedoso inventado por su maestra, la señora Tamura, para que él pudiera aprender este instrumento.

Durante su vida, Hikari Oé ha escrito varias obras musicales de una calidad incomparable, en las que intenta reproducir sonidos de aves y tonos musicales sutiles, que expresan la gran sensibilidad de su autor.

Algunas de sus composiciones musicales son: *Nieve para flauta y piano, Soñar, Dolor Núm. 3 para piano, Junio, canción de cuna para flauta y piano, Minué de la infancia para piano, De mayo, el avión no se caiga para piano* y *Vacaciones de verano para violín y piano.*

Se han vendido alrededor de un millón de copias de los volúmenes con la música de Hikari Oé en varios países del mundo.

Es interesante mencionar que Hikari es hijo del escritor japonés Kenzaburo Oé, quien en 1994 ganó el premio Nobel de Literatura y aborda en varios de sus libros su vivencia en relación con la discapacidad.

MARK GOFFENEY (1969)

Guitarrista originario de San Diego, California, cuyo talento y ambición lo han impulsado a alcanzar el éxito como artista y a convertirse en un personaje de la televisión en Estados Unidos.

Este artista, que nació sin brazos, fue educado por sus padres como si no tuviera una discapacidad, lo que hizo que desde su infancia viviera una vida independiente.

A una edad temprana, su familia le inculcó el gusto por la música; sin embargo, no fue sino hasta la edad adulta cuando Mark Goffeney se dedicó profesionalmente a esta disciplina y formó el grupo "Big Toe" (Dedo Gordo) junto con un amigo.

Goffeney cuenta con múltiples seguidores de su música en diversas partes del mundo. Ha ofrecido conciertos en lugares como Japón, Corea y los Países Bajos, y sus discos se venden en diversos países, entre ellos Alemania, Suiza y Austria.

Mark también es reconocido en varias partes del mundo debido a su destreza para tocar la guitarra aun con su condición, e incluso ha sido nominado a un premio Emmy, por su participación en el comercial titulado "Pies", en el que toca magistralmente la guitarra.

Pascal Duquenne (1970)

Actor de origen belga contemporáneo, quien en la década de 1990 protagonizó la cinta titulada *El octavo día*.

En esta película, Pascal, quien nació con síndrome de Down, representa a un joven con esta condición y con su excelente actuación muestra lo que implica vivir de esta manera. Además, la película nos permite reflexionar sobre el tema de la discapacidad, así como sobre la forma en que la sociedad suele considerar a estas personas.

Desde su adolescencia, Duquenne se sintió atraído por las artes y el espectáculo, y participó en actividades de danza y teatro de la Compañía de Bruselas, dedicada a fomentar la creación artística de las personas con discapacidad intelectual.

Fue en una de estas presentaciones donde un productor de cine francés descubrió su talento y le ofreció su primera participación en una cinta.

Algunas de sus actuaciones cinematográficas más destacadas se aprecian en las películas: *Luz y compañía*, *El cuarto Giles Daoust*, *Toto el héroe* y *El señor Don Nadie*.

Ha participado en el espectáculo de danza *Campo de Emoción*, en teatro haciendo giras por diferentes países de Europa, así como en series de televisión como: *Un Noel que no es como los otros* y *Comisario Molino*. Asimismo, participó en un comercial de una compañía telefónica, revolucionando el mundo de la publicidad en Francia, al crear una polémica relacionada con la diversidad.

En el año de 1996, Pascal Duquenne ganó por su actuación en la película *El Octavo Día*, el premio a la mejor interpretación en el Festival Internacional de Cine de Cannes.

GUADALUPE NETTEL (1973)

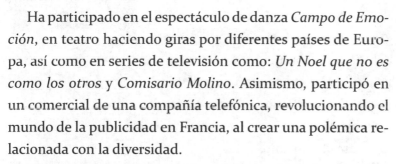

Escritora mexicana contemporánea. Estudió la carrera de Lengua y Literaturas Hispánicas en la UNAM y obtuvo un doctorado en Ciencias del Lenguaje en la Escuela de Altos Estudios en Ciencias Sociales de París.

Desde su nacimiento presentó una discapacidad visual que durante su infancia le permitió ver diversas situaciones de la vida desde otra perspectiva.

A través de su escritura podemos conocer cómo los niños con discapacidad visual perciben el mundo que les rodea. Algunas de sus obras son: *Pétalos*, *El huésped* y *El cuerpo en que nací*.

Eugenio Valle Molina (1973)

Poeta mexicano contemporáneo originario de Cuetzalan, Puebla.

Durante su infancia permaneció en casa como muchos niños ciegos, que debido a su condición no encuentran posibilidades para estudiar y desarrollarse. Sin embargo, cuando tenía alrededor de diez años, una vecina promovió que Eugenio comenzara sus estudios.

A partir de entonces, se abrieron nuevas posibilidades de desarrollo para el poeta, al adquirir diversos conocimientos que lo acercaron al mundo literario.

Eugenio Valle es nombrado como el poeta de la niebla, haciendo alusión a la manera en que describe el mundo por vivir con una discapacidad visual.

Dentro de sus obras podemos mencionar: *Poema dedicado a Raúl Renan* y los cuentos: *Unidad Lupita* y *Una odisea más*.

Aimée Mullins (1976)

Deportista, actriz y modelo estadounidense contemporánea, conocida por sus logros en estas disciplinas.

Aimée nació con una enfermedad conocida como fibular hemimelia, la cual ocasionó la amputación de ambas piernas cuando tenía un año de edad.

Con su condición, asistió a la Universidad, compitió contra atletas en varias competencias, así como en eventos paralímpicos importantes como fueron los Juegos Paralímpicos de Atlanta de 1996.

Asimismo, ha modelado para diseñadores de ropa británica y tiene la particularidad de cambiar su estatura de acuerdo con la talla de prótesis de piernas que utiliza. Ha sido nombrada una de las cincuenta personas más bellas del mundo.

En su trayectoria como actriz ha realizado apariciones en diversas cintas entre las que se encuentran: *Ciclo Cremaster* y *Maravilloso*. También ha escrito los libros titulados: *Atleta* y *La prostodoncia Impulse*.

PABLO PINEDA (1979)

Maestro en psicopedagogía de nacionalidad española que ha trabajado desde hace varios años dando asesoría y conferencias para padres de niños con discapacidad.

Este joven, nacido en Málaga con síndrome de Down, fue tratado como cualquier niño de su edad. Estudió en una escuela regular, a la vez que recibió los tratamientos y las terapias especiales que necesitaba. Gracias a esto, actualmente es un hombre emprendedor, que no se detiene ante nada y que ha incursionado en varias actividades a lo largo de su vida.

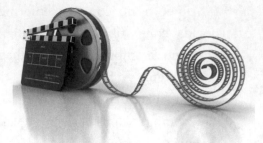

En fecha reciente participó como protagonista en la película *Yo también*, donde representa las aventuras de un joven con síndrome de Down que se enamora de una mujer.

Pablo Pineda mostró desde muy pequeño una manera muy peculiar de observar y comprender el mundo, por medio de la cual podemos conocer la perspectiva de una persona que vive con síndrome de Down, acerca de su condición.

Este joven nos hace reflexionar sobre diversos aspectos de la vida y nos sorprende con su capacidad de palabra y análisis de varios temas de actualidad, entre los que destacan los derechos humanos y la exclusión de las personas que son consideradas como "diferentes".

 ## Jessica Cox (1983)

Piloto aviador estadounidense contemporánea.

Jessica es la primera mujer en la historia de la aviación que domina un avión sin brazos, condición debida a una enfermedad congénita.

Desde pequeña recibió el apoyo de sus padres y se dedicó a participar en diversas actividades como gimnasia, baile y canto.

Jessica ha llevado una vida independiente, en múltiples facetas. Durante su juventud, aprendió a conducir un automóvil y se graduó como psicóloga en la Universidad de Arizona. Es capaz de escribir veinticinco palabras por minuto, se seca el cabello, se maquilla y se pone lentes de contacto con más facilidad que cualquier otra persona. Debido a su interés por la aviación, tiene un gran número de horas de vuelo solitario.

Otros casos

Hay muchas más personas que fueron niños con discapacidad y en la actualidad, aun con su condición de vida, se encuentran realizando diversas actividades laborales, artísticas, educativas, deportivas y sociales.

Ejemplos de ellas son: Teresa Landeros, pianista con discapacidad visual; Gilberto Rincón Gallardo, político mexicano con una malformación en la columna que afectó su desarrollo, quien dedicó gran parte de su vida a la lucha contra la discriminación; Cristina Hoffman, ganadora en los Juegos Paralímpicos en tenis de mesa sobre silla de ruedas; y Michael Phelps, considerado como el mejor nadador de la historia a pesar de presentar un Trastorno por Déficit de Atención desde la infancia.

Personajes famosos que tuvieron hijos con discapacidad

Charles De Gaulle (1890-1970)

Político y escritor francés, que participó como militar durante la Primera y la Segunda Guerra Mundial, llegando a ser Presidente de su país de 1958 a 1969.

De Gaulle y su esposa Yvonne tuvieron tres hijos, y Anne, la más pequeña, nació con síndrome de Down.

Es interesante conocer el vínculo afectivo tan especial que estableció el general con su hija, a través del cual podemos conocer otra faceta de este personaje. Anne simbolizaba para él un cariño incondicional; siempre la mantuvo cerca, incluso cuando sus obligaciones parecían impedírselo.

En las memorias de Charles de Gaulle recopiladas por Jonathan Fenby,[12] el general se refiere a su hija Anne de la siguiente manera:

"Anne ha sido una gran prueba, pero también una bendición. Es mi alegría y me ha ayudado mucho a superar todos los obstáculos y todos los honores. Gracias a Anne he ido más lejos, he conseguido superarme. Sin Anne no hubiera hecho todo cuanto he podido hacer. Me dio el corazón y el espíritu."

PEARL S. BUCK (1892-1973)

Escritora estadounidense que obtuvo el Premio Nobel de Literatura en 1938. Escribió más de cien trabajos literarios, entre novelas, cuentos para niños y relatos cortos que describen la vida en China.

Pearl sólo tuvo una hija, la cual nació con una discapacidad intelectual severa. Para ella fue una experiencia difícil que pudo superar con el trato que su niña recibió en China, donde, a diferencia de otros países, la discapacidad se acepta como un simple hecho de la vida y se ocupan de los niños con esta condición como lo harían de cualquier otro.

Al reflexionar sobre lo que significaba su hija, quien presentaba retraso mental, Pearl afirmó:

---

[12] Fenby, Jonathan, *The General: Charles de Gaulle and the France he saved, Reino Unido*: Simon Schuster Ltd, 2011.

"Es verdad que sus logros los ha conseguido a través de mí, pero sin ella yo no hubiera logrado aprender a aceptar esa pena inevitable ni hacer que esa aceptación fuera útil a los demás. Esta donación se resume en las lecciones de paciencia, comprensión y piedad, lecciones que todos necesitamos volver a vivir y practicar unos con otros, seamos los que seamos.

"Los niños con discapacidad se pertenecen a ellos mismos, cada uno es diferente y único; son seres humanos, personas que sienten y tienen las mismas necesidades de amar y ser amados, de aprender, de experimentar lo mismo que nosotros. No son monstruos, tienen derecho a equivocarse como nosotros, caerse, fracasar, sufrir, maldecir desesperarse; si los sobreprotegemos les impedimos vivir. Deben aprender a hacer las cosas por sí mismos, intentar ser autosuficientes hasta donde sea posible. El mundo es la mejor escuela de la vida."[13]

De vuelta en Estados Unidos, Pearl se dio cuenta de la discriminación por las diferencias entre los seres humanos. Por ello, adoptó a seis niños de ascendencia asiática y posteriormente, abrió la Fundación Pearl S. Buck Internacional, la cual promueve la ayuda a niños marginados por cuestiones de raza, pobreza y otras circunstancias difíciles, ofreciéndoles servicios de salud y educación. Su agencia de adopción es la primera en encontrar hogares para niños con necesidades especiales.

---

[13] Consideraciones éticas. Fundación Iberoamericana Down 21. Recuperado en julio de 2012 http://www.down21.org/web_n/index.php?option=com_content&view=category&id=60&Itemid=2023

Dentro de sus libros destacan las novelas: *La buena tierra* y *Viento del este, viento del oeste*.

Kenzaburo Oé (1935)

Escritor japonés contemporáneo, ganador del premio Nobel de Literatura en 1994.

Kenzaburo y su esposa Yukari tuvieron tres hijos, el primero de los cuales, Hikari, nació con una hernia cerebral que le ocasionó discapacidad intelectual.

Kenzaburo y su familia encontraron alternativas para comunicarse con Hikari por medio del sonido de los pájaros, logrando desarrollarlas en contra del pronóstico de los médicos:

"Sentimos mucho afecto hacia los pájaros, los cuidamos como si fueran de la familia, porque fue gracias a ellos que mi hijo habló. Creíamos que tal vez jamás hablaría, pero yo le ponía discos con los cantos de las diferentes especies de aves y una voz humana que las nombraba, para que aprendiera a identificarlas y un día, al escuchar uno en el jardín, lo llamó por su nombre. Durante un tiempo, sólo respondía a los pájaros, no a las personas."[14]

A partir de entonces, Hikari logró entablar comunicación con los demás y con el tiempo se convirtió en un compositor reconocido de música clásica.

Para Kenzaburo Oé, la experiencia de ser padre de un hijo con discapacidad marcó su obra literaria y lo llevó a reflexio-

[14] Ayén, Xavi, *Rebeldía de Nobel. Kenzaburo Oé: La conciencia crítica de Japón*, Magazine digital, 9 de abril de 2006, http://www.magazinedigital.com/cultura/los_premios_nobel/reportaje/cnt_id/330

nar acerca del sufrimiento humano, así como de la capacidad de la sociedad para reconocer los derechos de las personas que viven con esta condición.

Este autor ha planteado diversos cuestionamientos del ser humano por haber vivido esta situación. La parte más reconocida de su obra, narrada de manera novelística, refleja el proceso de aceptación de su hijo y la manera en la que esta experiencia enriqueció a su familia.

Entre sus obras más reconocidas se encuentran: *Dinos cómo sobrevivir a nuestra locura*, *Una cuestión personal* y *Un amor especial*.

OTROS CASOS

Además de los personajes mencionados, muchas personas destacadas han tenido hijos con discapacidad, y han promovido su aceptación, así como mejores oportunidades para ellos. Entre ellas podemos destacar al ensayista George Will; la fundadora de APAC, Carmelina Ortiz Monasterio, y el entrenador de fútbol americano Gene Stallings.

Mi pie izquierdo (p. 31)
http://jaimeburque.com/blog/mi-pie-izquierdo/

Color of Paradise (p. 32)
http://www.kurtceradyodinle.com/cennetin-rengi-1999-the-color-of-paradise.html

Gaby. Una historia verdadera (p. 32)
http://kitustrailers.blogspot.mx/2010/11/gaby-una-historia-verdadera.html

Yo soy Sam (p. 33)
http://es.angelesespeciales.wikia.com/wiki/Yo_soy_Sam

El milagro de Ana Sullivan (p. 34)
http://filmtrue.blogspot.mx/2011/12/el-milagro-de-ana-sullivan.html

Yo, también (p. 34)
http://www.elportavoz.com/yo-tambien/

Amigos Intocables (p. 35)
http://www.demasiadocine.com/estrenos-cine/amigos-intocables/

El octavo día (p. 75)
http://grupoananda.com.ar/site/index.php/agenda/9-curso-taller-cine-de-autor-el-octavo-dia/event_details

Acercándose a la vida de niños con discapacidad que nos enseñan

Soy Elisa y tengo diez años. Curso el tercer año de primaria y voy desde pequeña en la misma escuela que mi hermano con un programa de integración educativa. Tengo muy buenas calificaciones y participo en todas las actividades de mi escuela.

Soy una niña muy sociable, abierta y amigable que disfruta mucho de tener nuevas experiencias. Me encanta estar con mis amigos y con mi familia, salir a pasear e ir de compras al súper.

Me gusta mucho estar con mi perro; le lanzo la pelota, le doy de comer y jugamos al dentista, a la maestra y a que le doy terapias.

Por las tardes, practico natación, baile y actuación, y asisto a mis terapias de lenguaje y aprendizaje. He tenido la experiencia de bailar ballet en el teatro por los festivales de mi clase.

Me encantan los bebés, ir al cine, cantar, bailar y jugar. Me fascina comer papas, palomitas, tacos, molletes y tamales. Puedo pasar mucho tiempo viendo mis fotografías, leyendo mis revistas favoritas, cantando, jugando con el iPad de mi papá y con la computadora, así como viendo varias veces las películas que me gustan.

FRANCO

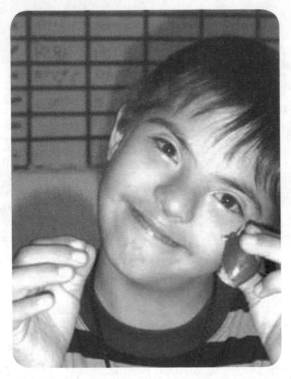

Me llamo Franco, tengo 13 años y curso el quinto año de primaria. Voy a una escuela con un programa de inclusión educativa.

Soy alegre, comunicativo y amoroso. También soy acomedido, sensible y educado.

Tengo varios amigos y un hermano mayor, con quien me gusta jugar fútbol y básquetbol. Disfruto mucho la música, cantar y tocar la pianolina. También me encanta ir a la playa y al cine.

Estoy entrando a la adolescencia y esto me ha traído algunos cambios, me empiezan a gustar las niñas. Mi hermano ha sido mi mejor terapeuta, pero ahora estamos creciendo, por lo que nuestra relación a veces se complica.

Me agrada convivir con mis abuelos, tíos y primos. Me doy cuenta de cuándo hay tensiones o problemas y busco solucionarlos.

Lo que más me gusta es el fútbol soccer, le voy al América en donde juego una vez a la semana.

JIMENA

Soy Jimena, tengo un año y medio. Cuando me despierto en la mañana, mis papás vienen a verme, me cargan y me dan muchos besos. Mi mamá me lleva por mi cuarto para saludar a mis peluches preferidos: Mickey Mouse, Pooh y Nemo.

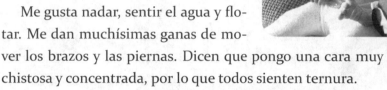

Me gusta nadar, sentir el agua y flotar. Me dan muchísimas ganas de mover los brazos y las piernas. Dicen que pongo una cara muy chistosa y concentrada, por lo que todos sienten ternura.

Todavía no entro a la escuela, pero una vez a la semana voy a la guardería para jugar con otros niños. También me visitan mis abuelitas y jugamos juntas. Mis tías y mis abuelos me llaman por teléfono o los veo en la computadora, esto me fascina porque me cantan canciones y me cuentan cuentos.

Me gusta mucho la música, a veces mi papá toca el piano conmigo y cuando voy a dormir, mis papás me cantan canciones, incluso las que no son de cuna. Con eso, aunque me tardo un rato, me duermo contenta.

También me encantan los cuentos, les pongo mucha atención y me pongo a llorar cuando se terminan. ¿Por qué son tan cortos?

No me gusta hacer mis ejercicios todos los días porque me desesperan y me la paso llorando. Lo bueno es que al terminar, mi mamá me abraza y me pongo de buen humor otra vez.

Me encanta ver la tele, especialmente películas con mis personajes favoritos como las princesas. Entiendo muy bien todo lo que pasa y por eso sonrío y me emociono en las partes más divertidas.

MAXIMILIANO

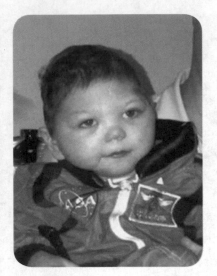

Soy Maximiliano. Otra vez desperté deslumbrado por el sol, me choca que olviden cerrar mi cortina. "¡Mamá, mamá!", grito sabiendo que pronto vendrá. No puedo evitar alegrarme al verla; siempre llega adormilada pero con una dulce sonrisa. Lo malo es que inmediatamente empieza a dar lata. Mi primera rutina de ejercicios es ¡antes de desayunar! Durante el desayuno continúa con sus necedades. No entiendo por qué insiste en que me coma la fruta, si el alimento que recibo por la sonda sacia mi apetito. Me enojo y practico un par de berrinches, ¡lo que me urge es llegar a la escuela para jugar con mis amigos!

La escuela es el mejor lugar del mundo. Estoy en maternal y creo que soy el más chico del salón porque ya todos caminan, mientras que yo apenas puedo rodar en el piso. Siempre me llaman para que juegue con ellos. Mi clase preferida es la de música, a la que el profesor lleva instrumentos para que lo acompañemos con su guitarra; a mí casi siempre me dan la pandereta, así que ya soy un experto dando manotazos sobre el tambor, las mesas y los libros. A la escuela me acompaña mi nana, con instrucciones precisas de mamá para continuar con los tediosos ejercicios. No sé cuál sea su fijación, pero pienso que mi papá es el que debería hacerlos, ¡¿qué, no le ha visto la panza?!

Por las tardes tengo terapias. Las físicas siempre son difíciles y me canso mucho, pero hay otras en las que sólo tengo que jugar para que me apapachen, ¡esas me encantan! Todo el día estoy ocupado como las hormiguitas de la tele, corriendo de un lado a otro y lleno de actividades. También siempre estoy rodeado de mucha gente; todos me ayudan y puedo sentir su amor.

Quiero hablar, hacer más cosas solo. Con esfuerzo, cada día logro algo nuevo. Cada día me acerco más a mi objetivo: ¡decirle a mamá que no voy a hacer los ejercicios y correr a toda velocidad para que no pueda obligarme!

María Fermina

Soy María Fermina, tengo cuatro años y dos hermanos: Matías, quien es mi compañero y cómplice aunque también nos peleamos, y Lucas, que es bebé y a quien cariñosamente le digo "Luquitas". Quiero mucho a mis papás.

Me encanta ir a la escuela, voy en kinder 2. Me gusta aprender nuevas cosas y tengo muchos amigos. Todos me conocen, hemos crecido juntos y ahora les da mucho gusto que ya les pueda hablar.

Me ha costado mucho trabajo el lenguaje, pero con el comunicador en mi Ipad, las señas y ahora con mi voz, he podido decir lo que quiero, necesito y siento.

Me gusta escucharme y ya puedo cantar Pin Pon. A mis amigos les sorprende que pueda decir su nombre, eso me anima a esforzarme para hacerlo cada día mejor.

Me desplazo gateando y con mi andador, aunque cuando voy al jardín lo tiro para llegar más rápido al columpio, donde siento que puedo volar como una mariposa.

Voy a terapia física y de lenguaje, y, además, tomo clases de música.

Me gusta ver los libros en mi casa. Tengo buena memoria, conozco todas las letras del abecedario y ya puedo leer algunas palabras. Juego al salón de belleza y hago figuras con la masita de colores. Soy aficionada al grupo infantil "Cantajuegos".

No me gusta la sopa de verduras, pero sí como espagueti con mayonesa y queso parmesano. Y en la noche para cenar me devoro una mantecada.

Cuando me voy a dormir, rezo y me gusta que me lean cuentos, y siempre, antes de cerrar los ojos, doy gracias a Dios, porque soy una niña muy feliz.

Yo soy Ángel, tengo 15 años y soy el mayor de la casa. Tengo dos hermanas que me hacen reír todos los días y que me cuidan y consienten mucho.

Desde hace un año, voy a la escuela en la Fundación Jonh Langdon Down. Estoy en sexto de primaria, todos mis compañeros son buena onda y no peleamos, ni nos molestamos.

Me encanta nadar, ir al cine, oír música y comer rico, en especial plátanos y pasteles. No me gusta la gelatina ni tampoco cuando hay demasiado ruido. Tampoco me gustan las mascotas, pero los perros medianos y grandes ¡me encantan!

Soy muy fuerte, sonriente y cariñoso con mi familia. Me encanta que vayamos al mar y que hagamos pijamadas.

Me cuesta hablar, digo pocas palabras, pero mi comunicación no verbal es muy buena. Además, tengo un comunicador electrónico que permite que quienes no me conocen me entiendan. Pero lo que más me ayuda es mi sonrisa. Todos los días me esfuerzo y todos los días hago sonreír a mi familia.

RAQUEL

Soy Raquel y tengo siete años. Estoy terminando de cursar kinder 3 en una escuela regular que incluye a niños con discapacidad, en donde en el recreo juego con mis compañeros a la resbaladilla y la casita. Soy independiente al ir de un salón a otro. Ahí también he aprendido a leer algunas palabras como "Mamá", "Papá", "Rodrigo" (que es mi hermano), "Jazmín" (el nombre de mi princesa favorita) y también los nombres de algunos de mis compañeros. Ya sé varias letras y estoy aprendiendo a escribir mi nombre.

Me gusta mucho sonreír, me cuesta trabajo hablar. Me encantan las princesas, el color rosa y corretear a mis amigos. Cada vez digo más palabras y frases. Disfruto mucho estar con mi hermano y aprendo de él cuando lo imito.

Por las tardes, asisto a mi terapia de lenguaje y dicen que tengo una buena relación con los adultos, que soy educada e independiente. Para mí es importante seguir rutinas, estoy aprendiendo a cuidar mis cosas.

A veces soy un poco tímida, pero con las personas que conozco, hablo y me río mucho.

Gina

Soy Gina y tengo 13 años. Curso quinto año de primaria en una escuela con integración educativa. Me considero una persona alegre, platicadora y sensible.

Tengo muchas amigas y un hermano menor con quien convivo mucho tiempo.

Como en mi escuela algunos maestros hablan inglés, he aprendido a decir algunas palabras en ese idioma.

Me encanta leer libros, escribir cartas, comer manzanas con chile, jugar con mis amigas y con mi hermano, así como salir a pasear con ellos. También disfruto nadar, pintar cerámica, bailar ballet, y platicar de mí y de lo que me pasa.

Me gusta estar con mi familia y divertirme con ellos.

Raymundo

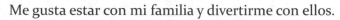

Soy Raymundo, actualmente tengo trece años de edad y desde que nací presento discapacidad visual debido a una retinopatía. Soy el menor de dos hermanos y curso el segundo grado de secundaria en una escuela pública de Coyoacán.

Me gusta la natación, andar en bicicleta y la música. Toco el piano desde los cinco años, he ganado 23 medallas de natación y he participado en un cortometraje y un documental. También he competido en unos juegos paralímpicos nacionales.

Soy Manuel y tengo siete años. Curso pre-escolar en una escuela con un programa de inclusión educativa, donde también está mi hermana menor. Tengo otra hermanita que el próximo ciclo escolar vendrá ya a la escuela. También tenemos una nueva hermanita en casa. ¡Yo la quiero mucho!

Para mí es muy importante mantener el orden y la estructura de las actividades; no me gustan las sorpresas y me intereso por diferentes temas como los bancos, las letras del alfabeto, los timbres/alarmas, las persianas y el elevador de mi escuela.

Me encantan las figuras geométricas, los números y tomo clases de ajedrez, actividad que me interesa muchísimo y en la que aprendo poco a poco.

Me cuesta trabajo poner atención, jugar con mis compañeros y realizar actividades físicas y en grupo, ya que prefiero estar solo. Sin embargo, estoy comenzando a tener amigos y ellos me permiten acercarme y conocerlos cada vez más.

Por las tardes voy a mi terapia de aprendizaje y paso tiempo con mi familia.

Soy Ricardo y curso cuarto año de primaria en una escuela regular a la que asisten niños con discapacidad. Tengo once años y me fascinan los aviones; conozco todo sobre ellos: aeropuertos, aerolíneas y rutas. Los coches también me gustan mucho.

Me gusta usar mi iPad, ir al cine, escuchar música, ver banderas de todo el mundo, jugar a las luchas, comer pizza y leer. En el salón de clases tengo muy buenos amigos, sé usar las computadoras y hablo muy bien inglés.

Por las tardes juego con mis vecinos y mi hermanita. Voy a terapia física para poder caminar mejor y con más agilidad.

No me gustan las matemáticas, los coches oxidados, ni el llanto de los bebés.

Soy Diego, tengo diez años y voy en tercero de primaria en una escuela con un programa de inclusión educativa. Estoy aprendiendo a leer, escribir, sumar y restar. Me gusta jugar fútbol con mis amigos, pero lo que más disfruto es jugar al maestro, poner ejercicios y tareas a mis alumnos imaginarios, así como corregirlos.

Tengo dos hermanos; con mi hermano mayor juego fútbol americano y luchitas, y con mi otro hermano paseo en la bici, vemos la tele y me ayuda a hacer mi tarea.

Me encanta ir de vacaciones a la playa con mis papás y hermanos.

Algunas veces me canso de ir a mis terapias, pero lo tengo que hacer porque sé que ayudan a mi desarrollo físico, motriz, visual e intelectual.

Mis tías tienen una dulcería y me gusta visitarlas porque cuando me porto bien, me dan permiso de atender a algunos clientes.

Disfruto mucho la vida, con frecuencia le digo a mis papás y a mis hermanos: "Yo, muy feliz".

Me llamo Ana Lucía, tengo cinco años. Nací muy pequeñita y para que pudiera crecer tuvieron que atenderme muchos doctores. Después de un largo tiempo en el hospital pude estar con mis papás, lo que disfruto mucho hasta ahora.

Cuando iba a cumplir un año me operaron de estrabismo. Ahora puedo fijar la vista mejor, sonrío más y veo que a mi alrededor, mucha gente me ama y me echa porras para que yo siga avanzando. Después de un largo proceso de tratamientos, terapias y varios intentos, he logrado perder el miedo y llevo ya varios meses caminando sola.

Cada vez hablo más, aunque mis amigos no siempre me entienden porque me falta trabajar en mi dicción y resolver algunos problemitas. Mi familia sí me entiende y ya tenemos conversaciones bastante buenas, ¡hasta por teléfono!

Desde que nací he trabajado duro y poco a poco voy alcanzando todas las metas que me propongo. En unos meses entraré a clases de ballet, lo que ha sido mi sueño desde hace tiempo.

He tenido algunos problemas de salud, pero sé que junto con mi familia saldré adelante. Por lo pronto, sigo dando satisfacciones a todos con mis avances, poniéndome metas y utilizando los obstáculos como escalones para alcanzar mis sueños.

ALONDRA

Me llamo Alondra, tengo doce años y vengo a APAC desde que soy chiquita. Ahora estoy terminando sexto de primaria; la materia que más me gusta es Matemáticas y la que me cuesta más trabajo es Español. Aquí tengo amigas con quienes platico y tomo mi terapia física y ocupacional en la que trabajo con mis manos.

Tengo dos hermanos, una más grande y uno más chico; yo soy la de en medio. Me gusta jugar con ellos a las luchitas y me encanta cocinar pasteles imaginarios. Cuando sea grande quisiera ser doctora o abogada.

JOSÉ MANUEL

Soy José Manuel y tengo trece años. Mi cumpleaños es en abril y estoy terminando sexto de primaria en APAC, donde vengo desde hace dos años. Aquí también tomo mi terapia de lenguaje e hidroterapia.

Tengo un hermano más chico que va a cumplir cinco años y a veces no me gusta jugar con él. Por las tardes veo las comedias en la televisión.

Lo que más disfruto es ir a la iglesia con mi abuelita. Cuando sea grande me gustaría ser sacerdote.

LAURA

Mi nombre es Laura, tengo once años y estudio en APAC desde pequeña. Ahora curso sexto año de primaria y me gusta estar con mis compañeros. Aquí recibo mi terapia física e hidroterapia que me ayudan a estar mejor.

Me gusta jugar a la mamá, a la comidita y a la maestra. Me encanta comer enfrijoladas. Por las tarde juego con mi hermano mayor a las luchitas y me entretengo con la computadora.

Cuando sea grande me gustaría ser maestra.

ELÍAS

Me llamo Elías y tengo once años. Voy en sexto de primaria en APAC, donde estudio desde que tengo cinco años. También aquí tomo mi terapia física e hidroterapia.

Me gusta hacer muñecos, ver la tele y disfruto al platicar con mis amigos. Me encanta comer pechugas de pollo.

Pronto voy a tener una hermanita bebé y estoy muy contento. Cuando sea grande quisiera ser luchador.

Soy Hana, en mi corazón tengo capacidades que encuentro dentro de mí y por lo menos mi corazón tiene ojos para ver, que mi cuerpo y mi interior conoce.

La protección para mi familia y mis primas.

Mi capacidad del corazón es enorme.

Cada cosa que yo miro me pongo en un espacio abierto para seguir un destino y mi forma humana siente que cualquier cosa puede ser mejor, abismo, voluntad, esperanza y oportunidades.

Lo más importante es querer a las personas que conozco y lo que tengo en mi interior.

Yo me siento valiosa con mis promesas y le echo ganas en mi forma humana.

Un destino humano...

Cualquier mundo puede vivir en una semilla de frijol.

Diccionario de la Discapacidad

Con la colaboración de
Alicia Ibargüengoitia González

Anexo

Accesibilidad

Es el derecho que tienen todas las personas con discapacidad para ingresar a cualquier lugar y desplazarse con libertad e independencia en la vida cotidiana. Un espacio accesible cuenta con rampas, elevadores, señalizaciones y sanitarios adaptados, con el fin de que las personas que presentan cualquier discapacidad puedan acceder a un lugar o transportarse para llegar a donde requieren. De esta manera, se garantiza su participación en la sociedad.

Accidente

Es un suceso externo causado por una acción violenta y repetitiva que algunas veces puede ocasionar una lesión en el cuerpo. Las personas con discapacidad tienen más probabilidades de tener accidentes, debido a que no cuentan con el funcionamiento adecuado de todos sus sentidos. Por esto, es importante tomar precauciones para, en la medida de lo posible, evitar riesgos, ya que una persona con discapacidad visual se puede tropezar con obstáculos que encuentra en su camino; un individuo con discapacidad auditiva puede tener un accidente al no escuchar los sonidos de su entorno, quienes viven con una discapacidad motriz pueden presentar caídas con más facilidad, y una persona con discapacidad intelectual está expuesta a más peligros ya que se le dificulta anticipar situaciones.

Acondroplasia (talla baja)

Es una condición de origen genético, que altera los cartílagos del crecimiento. En el lenguaje común, las personas con acondroplasia son conocidas como gente de talla baja o con enanismo. Dentro de las características generales de las personas con esta condición, se observa un crecimiento anormal del sistema óseo, con una disminución de las extremidades y una longitud normal en la columna vertebral.

En ocasiones la cabeza es grande en proporción al tamaño del cuerpo. Las personas con acondroplasia pueden realizar actividades y trabajos cotidianos; sin embargo, debemos considerar que presentan dificultades para tener acceso a ciertas situaciones como tomar objetos de lugares altos, subir escalones e ingresar a los transportes con rapidez, por lo que es necesario adaptar espacios y ofrecerles apoyo en esos momentos.

Amputación

Se le llama amputación a la separación de una extremidad del cuerpo que sucede como consecuencia de un accidente o de una lesión. Las personas que sufren la amputación de alguna parte de su cuerpo durante cualquier época de su vida, tienen que aprender a vivir con esa condición. Debido al avance de la ciencia y de la tecnología, las personas que requieren de una amputación no tienen que limitar su calidad de vida, pues con el uso de prótesis o aparatos ortopédicos pueden realizar sus movimientos.

ANDADERA

Es un aparato ortopédico de aluminio o metal que se utiliza como apoyo para facilitar la marcha y la independencia de una persona con discapacidad motriz. Cuando se presenta este tipo de discapacidad que afecta el equilibrio o el proceso de caminar de las personas, utilizar una andadera resulta muy conveniente para trasladarse. Existen varios tipos de andaderas, las fijas, plegables y con ruedas que se deben ajustar al tamaño de cada persona.

ANGELMAN, SÍNDROME

El síndrome de Angelman es una alteración de origen genético y poco frecuente que ocasiona distintos trastornos de la conducta, el desarrollo y el aprendizaje. Su descubridor fue el médico inglés Harry Angelman, quien describió a pacientes que observó con dos características comunes: andar rígido y risa excesiva. De la variedad de sentimientos que experimentan quienes padecen el síndrome de Angelman, la risa es el más frecuente, incluso algunos niños pueden presentar carcajadas. Si bien el síndrome de Angelman es una condición con la que se tiene que aprender a vivir, hay tratamientos y terapias que permiten controlar o al menos atenuar algunos de sus síntomas.

Aparato auditivo

El aparato auditivo es un dispositivo que se coloca en el oído y permite que las personas sordas o con discapacidad auditiva perciban y diferencien los sonidos. Estos aparatos, además de aumentar el sonido, favorecen la orientación, el equilibrio y la apreciación musical de los usuarios. En los últimos años, los científicos han desarrollado un aparato auditivo electrónico destinado para personas que presentan sordera profunda, el cual se conoce como implante coclear. Este aparato produce la estimulación directa del nervio auditivo al convertir las ondas sonoras en señales eléctricas. A través del uso de un aparato auditivo las personas que no pueden escuchar adquieren nuevas posibilidades para comunicarse con los demás e incluirse en su entorno social.

Arte y discapacidad

Las personas con discapacidad encuentran en el arte una alternativa especial para expresar sus ideas, sentimientos y emociones. La música, la literatura, la danza, la pintura y la escultura ofrecen a las personas con discapacidad diversas posibilidades para desarrollar su creatividad. Se ha observado que el arte es un medio extraordinario para conocer a quienes viven con esta condición y darnos cuenta de lo que son capaces de hacer. De esta manera, podemos identificar a músicos sordos, pintores que realizan sus obras con la boca y con los pies, fotógrafos ciegos y personas con discapacidad intelectual que, a través de su creatividad, nos muestran sus ideas y pensamientos.

Asperger, Síndrome

El síndrome de Asperger es un trastorno generalizado del desarrollo que forma parte del espectro autista, aunque las personas que viven con esta condición no presentan retraso cognitivo ni del habla. Este síndrome recibe su nombre del médico Hans Asperger, quien en 1944 denominó esta condición. Algunos de los síntomas del síndrome de Asperger son: interés obsesivo por un solo tema u objeto, poca empatía con las demás personas, dificultades para socializar, lenguaje poco usual, torpeza al caminar o realizar actividades motoras, aleteo de los dedos y poco sentido del humor. Las personas que presentan este síndrome requieren recibir terapia de aprendizaje, fisioterapia, terapia de lenguaje y un tratamiento psicológico dirigido para atender a toda la familia.

Autismo

El autismo es un trastorno del desarrollo de las funciones de una persona que afecta principalmente las posibilidades de comunicación emocional con otras personas, así como la organización de la conducta en su vida cotidiana. La palabra autismo proviene del griego *autós*, que significa propio o uno mismo. No se han determinado con precisión las causas del autismo; dentro de los síntomas de esta condición se puede observar dificultad para establecer contacto visual, falta de relación con el entorno, ausencia de lenguaje, habilidades motoras desiguales, apego a objetos inanimados, indiferencia ante los peligros, así como hiperactividad o extrema pasividad. Las personas con autismo requieren recibir atención especializada para mejorar su desarrollo y su condición de vida.

Bastón

Los bastones ortopédicos son dispositivos utilizados con el fin de mejorar el movimiento de las personas que presentan discapacidad motriz. Los bastones funcionan brindando apoyo y soporte complementario al cuerpo mientras la persona camina, proporcionando seguridad, libertad e independencia. Existen bastones de diversos materiales, como madera y aluminio, y también con precios variados que los hacen accesibles para quienes lo requieren.

Bastón blanco

Vara alargada que identifica a las personas ciegas y que les sirve para desplazarse de manera independiente en diversos lugares. Sus características especiales de diseño facilitan el rastreo y detección oportuna de los obstáculos que se encuentran en el suelo. El bastón blanco es fabricado con fibras sintéticas y guía los pasos del invidente, haciéndole notar el tipo de superficie sobre el que está caminando; además, le proporciona información acerca de su ubicación. El contacto del puntero con el suelo remite unas vibraciones que varían de intensidad, dependiendo de la superficie en la que se encuentra. Estos instrumentos también sirven para identificar a las personas que viven con esta condición.

Behinderung (minusvalía en alemán)

Término que se utiliza en alemán para definir la palabra discapacidad. Esta palabra significa minusvalía, lo que implica que en este idioma la discapacidad es una situación de desventaja que presenta una persona como consecuencia de una deficiencia que le limita o impide el desempeño de ciertas funciones que se consideran normales en los individuos. En relación con la discapacidad, la política de integración alemana brinda gran importancia al concepto de rehabilitación, el cual tiene por objetivo permitir que las personas con discapacidad adquieran la mayor autonomía posible. En este país se tiene también la política del empleo obligatorio para quienes viven con esta condición.

Braille

Es un sistema de comunicación de lectura y escritura táctil diseñado para las personas ciegas con la finalidad de que puedan leer con los dedos a través de puntos en relieve marcados en las hojas por un punzón. Este método fue inventado por Louis Braille, educador de origen francés, quien perdió la vista durante la infancia. El sistema Braille está formado por seis puntos en relieve que representan una letra o signo de la escritura en caracteres visuales. Se le conoce también como cecografía.

Cacupe (discapacidad en portugués)

Término que significa personas excepcionales en portugúes y que se utiliza para referirse a quienes viven con discapacidad, lo que nos muestra la forma en que quienes hablan este idioma perciben a las personas que viven con esta condición.

Ceguera

Es una discapacidad que consiste en la pérdida total o parcial del sentido de la vista. La ceguera parcial ocurre cuando se presentan dificultades importantes para ver, por lo que se requiere usar anteojos para tener visión. La ceguera total se presenta cuando la persona no puede ver absolutamente nada, ni siquiera la luz y su reflejo. Existen diversas causas que pueden ocasionar ceguera, como son: cataratas, glaucoma, degeneración macular, daño al nervio óptico y retinopatía diabética, accidentes, alteraciones genéticas e infecciones en los ojos.

Comunicación alternativa (sistema de)

Los sistemas de comunicación alternativa, también conocidos como sistemas de comunicación aumentativa, incluyen las opciones o estrategias que se pueden utilizar para facilitar la comunicación de las personas con dificultades importantes para hablar por diversas causas ya sean sensoriales, físicas, intelectuales o psicológicas. Para mejorar la comunicación de las personas con discapacidad auditiva, se pueden utilizar tableros con imágenes que simbolizan palabras o mensajes que se quieren transmitir y que pueden ser comprendidas por cualquier persona al señalarlas o presionarlas, ya que algunos de estos tableros también emiten sonidos.

Estos sistemas han avanzado cada vez más al poder ser incluidos en diversos aparatos tecnológicos como tabletas electrónicas, celulares, computadoras y otros dispositivos inteligentes, facilitando la expresión de las personas con diversos tipos de discapacidad.

Congénito

Término que se refiere a cualquier rasgo de identidad presente en el nacimiento por causas genéticas o adquiridas durante la vida intrauterina debido a diversas situaciones. Puede ser resultado de un factor genético o físico, como radiaciones, ingesta de determinados fármacos o infecciones. La mayoría de estas alteraciones congénitas ocurren en el primer trimestre de gestación. Si bien se desconocen las causas de muchas de las alteraciones congénitas, algunas se pueden prevenir, de ahí la importancia de acudir durante el embarazo a revisiones médicas periódicas.

Cuarto blanco

Espacio diseñado para estimular simultáneamente los sentidos del tacto, oído, vista, olfato y gusto de las personas con discapacidad, a través de la combinación de música suave, aromaterapia, efectos de iluminación y diversas texturas. También se le llama cuarto de Snolzen. Se recomienda especialmente para una estimulación multisensorial en individuos con severos impedimentos sensoriales, autistas o con múltiples discapacidades. Existen varios estudios que comprueban la eficacia del cuarto blanco para mejorar las habilidades sociales y de comunicación, además de que otorga mayor motivación y mejora las funciones intelectuales como el contacto visual y la atención.

Desorganización neuromotriz

La desorganización neuromotriz es una condición que puede afectar el desarrollo, la coordinación motora gruesa y fina, así como el lenguaje y el aprendizaje de quienes presentan esta condición. Esta alteración se presenta cuando se encuentran alteraciones en las vías del sistema nervioso que establecen conexiones entre el cerebro y diversas partes del cuerpo. Algunas de las causas de la desorganización neuromotriz son dificultades genéticas, infecciones, vacunas mal aplicadas y accidentes. Las personas que presentan esta situación requieren recibir terapia física, de lenguaje y aprendizaje para mejorar su calidad de vida, así como su motricidad, actividad sensorial y coordinación.

Disability (incapacidad en inglés) ────────

La palabra *disability* quiere decir discapacidad en el idioma inglés. Literalmente la traducción de este vocablo significa incapacidad, lo que puede llevar a pensar que quienes viven con esta condición no son capaces de realizar actividades y se encuentran totalmente limitadas en su funcionamiento físico. Esta palabra también se puede relacionar con la falta de preparación, entendimiento, así como los medios para llevar a cabo una acción. Los términos despectivos que hacen referencia a la discapacidad, tienen un efecto negativo en la manera en que se percibe a las personas con esta situación.

Discapacidad ────────────────────

La palabra discapacidad se refiere a la disminución que presenta una persona en algunas de sus funciones físicas, la cual obstaculiza su desarrollo en un contexto social determinado. Las personas con discapacidad enfrentan dificultades para desarrollar algunas capacidades, pero tienen posibilidad de desarrollar capacidades diferentes para desenvolverse en su medio ambiente. La discapacidad es una condición de vida, no es una enfermedad.

DISCAPACIDAD AUDITIVA

La discapacidad auditiva se refiere a la pérdida total o parcial de la audición que dificulta o imposibilita a una persona para escuchar sonidos. En estos casos, es fundamental aprender desde la infancia otras alternativas para comunicarse, como el lenguaje de señas y el uso de un aparato auditivo. Al comunicarse con una persona que vive con esta condición, se recomienda hablar de frente, despacio para que pueda leer los labios, tener disposición para atender lo que dice o escribir lo que se le quiere transmitir.

DISCAPACIDAD DEL GUSTO

La discapacidad del gusto es una condición poco conocida que ocasiona importantes dificultades, riesgos y alteraciones en el carácter de quienes la presentan. Se refiere a la imposibilidad o dificultad que tiene una persona para percibir los sabores y las texturas de los alimentos. Las personas con alteraciones en el sentido del gusto corren peligro cuando comen, pues no se dan cuenta cuando algún alimento está

descompuesto o demasiado caliente, lo que puede ocasionar enfermedades o accidentes. La discapacidad del gusto puede provocar también depresión, al no tener la posibilidad de disfrutar los diferentes sabores.

Discapacidad intelectual

Las personas con discapacidad intelectual presentan un desarrollo más lento en relación con el que alcanzan otros individuos de su misma edad. Esto significa que crecen más despacio y en ocasiones manifiestan desfases en las diversas áreas del desarrollo. Estas personas suelen tener dificultades para aprender, expresarse, coordinar sus movimientos y algunas veces presentan conductas atípicas que dificultan su adaptación social, por lo que requieren recibir, desde pequeños, diversas terapias para integrarse a su entorno. Es importante que quienes viven con una persona con discapacidad intelectual sean pacientes y les presten suficiente atención, ya que entienden más de lo que parece.

Discapacidad mental

La discapacidad mental se refiere a las alteraciones que muestra una persona en su conducta, adaptación social y estado emocional. Este tipo de discapacidad altera el pensamiento, la percepción, los afectos, el cuidado de sí mismo y la conciencia. Las personas con discapacidad mental manifiestan dificultades para establecer contacto con la realidad y pueden presentar delirios y alucinaciones. Las causas de esta condición pueden ser de origen genético, alteraciones metabólicas, lesiones cerebrales, problemas para establecer relaciones significativas en la infancia e ingesta de sustancias químicas nocivas. Algunas de las conductas que adoptan quienes viven con esta condición son aislamiento, gestos poco habituales, interés excesivo en los propios movimientos, dificultades en el lenguaje, sensibilidad alterada, trastornos del sueño, desórdenes de la alimentación y problemas con el control de esfínteres.

Discapacidad motriz

La discapacidad motriz se refiere a la alteración de las funciones en las extremidades superiores y/o inferiores. Esta alteración se produce por una lesión en el sistema nervioso central, ya sea en la médula o el encéfalo. La discapacidad motriz se puede presentar en cualquier época de la vida por causas genéticas, enfermedades o accidentes. Debido a que este tipo de discapacidad afecta las posibilidades de movimiento y desplazamiento de las personas, la accesibilidad es una de las principales necesidades para quienes viven con esta condición. Por esto, es necesario que se acondicionen los espacios, vías de tránsito, mobiliario y apoyos específicos que permitan a las personas con discapacidad motriz vivir de manera independiente.

Discapacidad del olfato

El olfato es el sentido que tiene la función de detectar y procesar los olores. Se considera que una persona presenta discapacidad del olfato cuando no percibe los aromas y estímulos del medio ambiente que se procesan por la nariz, por lo que quienes viven con esta característica se relacionan con su entorno de forma diferente, sin que esta situación sea evidente para los demás. Este tipo de discapacidad puede ser causada por infecciones que afectan la nariz, por aspirar sustancias nocivas o por traumatismos en la cabeza que alteran el funcionamiento del lóbulo frontal, zona del cerebro donde los olores son procesados. El sentido del olfato puede tener daño permanente o temporal y se ha observado que puede disminuir o perderse por completo durante la vejez.

DISCAPACIDAD DEL TACTO (FALTA DE SENSIBILIDAD EN EL CUERPO)

La piel es el órgano más grande, que tiene como principal función separar y proteger los diversos órganos del cuerpo humano. El sentido del tacto permite a las personas percibir las cualidades de los objetos como la presión, temperatura, aspereza, suavidad o dureza. La discapacidad del tacto implica no tener sensibilidad en la piel, lo cual puede originarse por alguna infección o enfermedad cutánea, ya sea temporal o permanente. Es muy importante acudir con el médico cuando se presenten síntomas de alteraciones en la piel, con la finalidad de recibir el tratamiento adecuado y evitar complicaciones.

Discapacidad visual

Se habla de discapacidad visual cuando existe una disminución del sentido de la vista, aun utilizando lentes. Existen diferentes grados en esta condición, que van desde la ceguera total hasta la baja visión. Las causas de la discapacidad visual son diversas, agrupándose en las de origen hereditario, congénito y enfermedades adquiridas que afectan la visión. Las personas con discapacidad visual agudizan otros sentidos como el tacto, el olfato y el oído. Es muy importante promover apoyos que faciliten la vida y favorezcan la integración de las personas que presentan discapacidad visual, como pueden ser semáforos con señales auditivas, libros de texto adaptados al sistema Braille, tecnología diseñada para quienes viven con esta condición y perros guía. En la actualidad, debido al avance en la esperanza de vida, cada vez se observan más dificultades visuales asociadas a la edad o a enfermedades adquiridas, como la degeneración macular o la retinopatía diabética.

Discapacitarte

Término que se refiere a la posibilidad de ver la vida desde la discapacidad, que propone imaginar lo que implica tener dificultades en el funcionamiento de ciertas capacidades, para así acercarse a comprender lo que le ocurre a una persona con esta condición. Juego de palabras que establece un puente para enlazar las palabras discapacidad y arte sin tomar en cuenta el orden en el que aparecen. Es una palabra que propone la posibilidad de reconocerse en quienes viven con una discapacidad y experimentan dificultades para ver, escuchar, moverse y aprender.

DISTROFIA MUSCULAR

La distrofia muscular es una alteración de origen genético que afecta el tejido muscular debido a la insuficiencia de ciertas proteínas, ocasionando debilidad y pérdida de las funciones locomotoras en quienes la presentan. Los síntomas varían de acuerdo con los diferentes tipos de distrofia muscular (Duchenne y Becker). Las personas que viven con esta condición pueden mostrar alteraciones en uno o varios grupos de músculos en diversas partes del cuerpo. Los principales síntomas de este trastorno son debilidad generalizada y degeneración muscular, que afecta primero a los músculos de las piernas y se extiende poco a poco hacia el tronco ocasionando dificultades de funcionamiento en los brazos, así como en el aparato respiratorio y en el corazón. La distribución de los músculos afectados y la severidad de esta condición serán variables en cada caso, lo cual ocasiona una discapacidad.

DOWN, SÍNDROME (TRISOMÍA 21)

El síndrome de Down es una de las alteraciones genéticas que se presentan con mayor frecuencia en los niños y se debe a la presencia de un cromosoma de más en el bebé desde el inicio de su gestación; se desconocen las causas específicas de esta condición. En general, los niños con síndrome de

Down se desarrollan más despacio que los niños de su edad, pero logran con el tiempo ser autosuficientes en la mayoría de sus actividades cotidianas. En la actualidad, las personas que viven con esta condición se desarrollan cada vez más en diversas áreas (familiar, escolar, social), lo que les permite integrarse con mayor facilidad en su entorno. Tienden a ser afectuosos, creativos y se interesan en realizar muchas actividades. De manera general se pueden diferenciar tres tipos de alteraciones en este síndrome: trisomía 21 regular, trisomía 21 mosaico y trisomía 21 por traslocación. Algunos niños con este síndrome pueden tener además alteraciones en algunas partes de su cuerpo como el corazón, la vista y el estómago, por lo que deben ser revisados por un médico pediatra desde su nacimiento.

EDUCACIÓN ESPECIAL

Las escuelas de educación especial tienen el objetivo de lograr que los niños con discapacidad adquieran un aprendizaje significativo, así como los elementos suficientes para realizar diversas actividades en la vida adulta. Estas escuelas han realizado una función importante en el desarrollo de quienes viven con esta condición durante muchos años; sin embargo, este sistema no promueve su inclusión en la sociedad. En algunos países, los centros de educación especial han desaparecido, en la medida en que los niños con discapacidad han podido ser integrados en las escuelas regulares.

EDUCACIÓN INCLUSIVA

Los niños con discapacidad tienen la opción de cursar sus estudios en las mismas escuelas a las que asisten los niños de su edad. Se ha observado que este modelo educativo tiene beneficios tanto para los niños con discapacidad como para sus compañeros, ya que aprenden a conocer y tolerar las diferencias. La educación inclusiva va un paso más allá de la integración educativa, al proponer que no sólo los alumnos con discapacidad tienen que hacer un esfuerzo para aprender y pertenecer a la escuela, sino que también la comunidad educativa deberá realizar las modificaciones necesarias para permitir y promover que esto sea una realidad.

ELEVADOR ACCESIBLE

Los elevadores accesibles permiten a las personas con diversos tipos de discapacidad ingresar a edificios de varios pisos. Estos ascensores deben cumplir con los criterios de seguridad en su construcción e instalación, tomando en cuenta su dimensión, diseño, sonidos e iluminación. Asimismo, se deben incluir señalizaciones en Braille, espejos, puertas automáticas con sensores y alarmas especiales.

Entmündigen (incapacitar en alemán) ————

Esta palabra se refiere a la incapacidad de una persona para realizar una acción o ejercer sus derechos. Inhabilitar. Incapacitar. Privar a otro de la capacidad o aptitud necesaria para hacer algo.

Equinoterapia ————————

La equinoterapia es una técnica terapéutica que, por medio de la convivencia con caballos, mejora la condición de los niños que viven con diversos tipos de discapacidad. Esta práctica aumenta la motivación, la concentración, la sensibilidad, así como la capacidad de autonomía, convivencia y comunicación. La terapia con animales se lleva a cabo en centros especializados donde se cuenta con el apoyo de un monitor que acompaña al pequeño durante la sesión.

Espina bífida ————————

Es una alteración que ocasiona un desarrollo anormal de los huesos de la columna vertebral, la médula espinal, así como el tejido nervioso y el líquido que rodea esta estructura. Esta alteración neurológica puede provocar que una parte de la médula espinal y de las áreas circundantes se desarrolle por fuera y no por dentro del cuerpo como ocurre comúnmente. Existen diversos tipos de esta alteración, entre los que se pueden mencionar: espina bífida oculta, meningocele y mielomeningocele.

Estimulación temprana y discapacidad

Las técnicas que se utilizan para estimulación temprana con bebés, se pueden trabajar con pequeños con discapacidad mediante un programa adecuado que enseñe al niño a colocar su cuerpo en las posturas correctas y apoyarlo para adquirir una coordinación que le permita mejorar su motricidad y utilizar todos sus sentidos en la medida de lo posible.

Exclusión

Este término se refiere a la falta de participación de determinados segmentos de la población –como las personas con discapacidad– en la vida social, económica, política y cultural de la sociedad. En México existe el Consejo Nacional para Prevenir la Discriminación (CONAPRED), cuyo objetivo es combatir la exclusión social y garantizar el derecho a la igualdad.

Férula

Dispositivo o estructura de diversos materiales como metal, madera o yeso, que se aplica con fines terapéuticos, así como para mantener inmóvil el hueso roto o fisurado durante su recuperación.

FISIOTERAPEUTA

La fisioterapia es una profesión del área médica cuyo objetivo principal es prevenir o remediar problemas motrices, ya sea temporales y/o permanentes. El trabajo del fisioterapeuta es especialmente útil cuando se trata de personas con discapacidad motriz, aunque también atiende a pequeños con discapacidad intelectual, visual o auditiva.

FOLLING, SÍNDROME (FENILCETONURIA)

El síndrome de Folling es un trastorno metabólico infantil causado por el déficit de una enzima del hígado que puede ocasionar discapacidad intelectual y otras dificultades si no se trata a tiempo. También se le conoce como fenilcetonuria.

FONOAUDIOLOGÍA

Es una especialidad que estudia las dificultades en la comunicación humana y el aprendizaje, con el fin de brindar los elementos que apoyen la rehabilitación y recuperación de las personas que presentan algún padecimiento relacionado con la voz, la audición, el habla y el lenguaje.

Guillain-Barré, Síndrome

El síndrome de Guillain-Barré es un trastorno que se presenta cuando el sistema inmunitario ataca parte del sistema nervioso, lo cual ocasiona inflamación, debilidad muscular y otros síntomas. Es muy importante la detección temprana de este síndrome para lograr una adecuada recuperación.

Handicap (desventaja, impedimento en inglés)

Este término es un anglicismo que se utiliza para mostrar que una persona se encuentra en desventaja o tiene algún obstáculo para desplazarse y desarrollarse en la sociedad.

Handicapé (minusválido en francés)

Con esta palabra se describe en francés a las personas con discapacidad, quienes se encuentran en cierta desventaja en relación con las demás.

HIDROCEFALIA

El término hidrocefalia se deriva de las palabras griegas "hidro" (agua) y "céfalo" (cabeza). Su principal
característica es la acumulación de líquido en el cerebro, lo que ocasiona diversos tipos de discapacidad.

HIDROTERAPIA

 La hidroterapia es una técnica que utiliza el
agua como agente terapéutico para atender
traumatismos, enfermedades reumáticas
y neurológicas, así como diversos tipos de
discapacidad.

HIPERACTIVIDAD

Trastorno de conducta de origen neurológico que se
manifiesta por un exceso de actividad que dificulta
la atención y el aprendizaje. Se ha observado
que este desorden está relacionado con problemas emocionales.

IMPLANTES COCLEARES

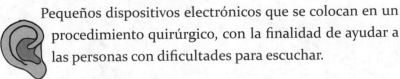 Pequeños dispositivos electrónicos que se colocan en un
procedimiento quirúrgico, con la finalidad de ayudar a
las personas con dificultades para escuchar.

Impotenza (impotencia en italiano)

Término en el idioma italiano que indica que la condición de una persona no le permite tener fuerza, capacidad, competencia, poder, autoridad o los medios necesarios para realizar ciertos actos con eficacia. Al utilizar éste término para referirse a las personas con discapacidad, se devalúa su condición.

Inability (inhabilidad en inglés)

El término *inability* significa inhabilidad en la lengua inglesa. Esta palabra se utiliza para referirse a las personas que carecen de habilidades, competencias o capacidades para llevar a cabo una acción. Cuando nos referimos con esta palabra a las personas con discapacidad estamos limitando su posibilidad de desarrollo.

Incapacitá (incapacidad en italiano)

Ésta palabra del idioma italiano se refiere a la condición de una persona incapacitada o sin la capacidad para llevar a cabo varias funciones, lo que implica un trato despectivo cuando se usa para nombrar a las personas con discapacidad. La expresión *incapacitá* también quiere decir ineptitud, fragilidad, insolvencia económica e insuficiencia.

Incapacitated (incapacitado en inglés) ——

Éste es un adjetivo en inglés que significa que un individuo se encuentra incapacitado, esto es, que no tiene ciertas capacidades o habilidades por encontrarse enfermo. El término *incapacitated* también se refiere a la limitación de la fuerza o destreza, estar descalificado o ser inadecuado. Los sinónimos de esta palabra son despectivos y colocan a las personas con discapacidad en una condición de ineptitud, torpeza e ignorancia, lo que no corresponde con la realidad, ya que las personas que viven con esta condición pueden lograr desarrollarse en diversos aspectos.

Incapacité (incapacidad en francés) ——

Esta palabra significa incapacidad en la lengua francesa y se utiliza para nombrar a una persona que no tiene capacidad para desempeñar una acción o para ejercer ciertos derechos, lo que tiene una connotación despectiva cuando se utiliza para referirse a las personas que viven con una discapacidad. Es interesante mencionar que esta expresión también significa la decadencia intelectual o física, así como caducidad, ineficacia o invalidez.

Inclusión

Concepto teórico de la pedagogía que hace referencia a la forma en que las escuelas deben dar respuesta a la diversidad, considerando, entre otras situaciones, la condición de las personas con discapacidad que tienen derecho a pertenecer y desempeñarse en la sociedad.

Integración educativa

Es el derecho que tienen todos los alumnos, independientemente de la condición física que presenten, incluyendo la discapacidad, para estudiar en las escuelas regulares donde puedan encontrar una igualdad de oportunidades con sus compañeros.

Invalidität (invalidez en alemán)

Este término significa invalidez en el idioma alemán y se utiliza para referirse al periodo en el que una persona no presenta facultades para trabajar por una alteración física. Al utilizarse esta palabra para nombrar a las personas con discapacidad se limita su posibilidad para desempeñarse en el aspecto laboral y se confunde su condición con la enfermedad.

Invalidité (invalidez en francés)

Esta palabra significa en el idioma francés que una persona no puede valerse por sí misma debido a que presenta dificultades físicas o de salud. Cuando se utiliza este término para referirse a quienes viven con una discapacidad, se les otorga un trato despectivo.

Invidente

Este término se utiliza para nombrar a las personas que están privadas de la vista. Un invidente presenta dificultades en la orientación y el desplazamiento; sin embargo, cada vez es más frecuente observar que las personas que viven con una discapacidad visual desarrollan habilidades especiales para captar su entorno y aprender a través de los sentidos y de apoyos especiales.

Juego y discapacidad

El juego es una actividad lúdica que pueden realizar todos los niños independientemente de su condición, a través de la cual se desarrollan en el aspecto social, cognitivo, perceptivo, afectivo y comunicativo con otras personas. Es necesario que los padres y los educadores de los pequeños con discapacidad adquieran juguetes accesibles o realicen las adaptaciones para utilizarlos.

KLINEFELTER, SÍNDROME

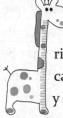

El síndrome de Klinefelter es una alteración genética que se presenta en los varones y se caracteriza por la presencia de proporciones alteradas en los caracteres sexuales, así como en las piernas, el tronco y la cadera, lo que puede ocasionar una discapacidad.

LECTURA LABIOFACIAL

Técnica que usan las personas con discapacidad auditiva para expresarse y comprender las palabras, a través de la interpretación del movimiento de los labios.

LENGUA DE SEÑAS

Forma de comunicación mediante la expresión y los movimientos de las manos y gestos faciales, que permiten a las personas sordas establecer contacto con los demás.

MULETAS

Las muletas son un instrumento de apoyo diseñado para que las personas que presentan dificultades en las extremidades inferiores puedan obtener un soporte adicional durante su desplazamiento. Los materiales que se utilizan para su elaboración son principalmente madera o diversos tipos de metal.

Musicoterapia

La musicoterapia es una práctica que consiste en utilizar el sonido, ritmo, melodía y armonía para que las personas obtengan diversos beneficios emocionales, como disminución de la ansiedad, mayor concentración e identificación de sentimientos. Se ha observado que las personas con discapacidad que asisten a esta terapia logran expresar sus emociones y mejorar su condición.

Neuropsicología

La neuropsicología es una disciplina que estudia los efectos de una lesión, daño o funcionamiento irregular en el sistema nervioso central que afecta los procesos cognitivos, psicológicos, emocionales y de conducta en las personas.

Ortesis

Es un dispositivo externo que se aplica en el cuerpo para apoyar o complementar la función del aparato locomotor de una persona con discapacidad. Principalmente se utiliza en la columna vertebral y en las extremidades.

Osteogénesis imperfecta

La osteogénesis imperfecta o enfermedad de los huesos de cristal es un trastorno genético en el cual los huesos se fracturan con facilidad y sin un motivo aparente, por lo que requieren terapias y cuidados especiales preventivos.

Paralímpicos

Los Juegos Paralímpicos son una competencia olímpica oficial fundada por Ludwig Guttmann en 1960, para que los atletas con diversos tipos de discapacidad participen en los Juegos Olímpicos y demuestren sus habilidades.

Parálisis cerebral

La parálisis cerebral es un trastorno del desarrollo psicomotor, que causa limitaciones en la actividad de una persona, por falta de oxígeno en el cerebro durante el nacimiento o en la primera infancia. Esta condición puede comprometer funciones del sistema nervioso como el movimiento, aprendizaje, audición, visión y desarrollo intelectual.

Perros guía

Un perro guía, también conocido como perro lazarillo, es un animal adiestrado para guiar a las personas ciegas o con deficiencia visual a llegar a su destino evitando accidentes y posibles peligros. Se ha observado que estos animales también benefician el desarrollo de los niños con discapacidad.

Prefijo latino "dis-"

El prefijo latino "dis-" significa oposición, separación, distinción o negación. Como prefijo griego, quiere decir: con dificultad, disconforme o no conforme. A partir de esta raíz, surge el término "discapacidad".

Prótesis

La prótesis es una extensión artificial que reemplaza una parte del cuerpo que falta por diversas razones como amputación o malformación genética, mejorando la movilidad, autoestima y condición de vida de las personas que viven con esta condición.

Quemaduras

Es un tipo de lesión en la piel o tejidos del cuerpo debido a la exposición al calor, fuego, líquidos calientes, electricidad, radiación o sustancias químicas. Las quemaduras pueden ser de primer y segundo grados y en algunos casos ocasionan una discapacidad.

Rayos X

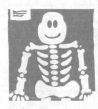

Los rayos X son una radiación electromagnética que se utiliza para producir imágenes, las cuales se registran en una película o placa llamada radiografía para detectar fracturas e irregularidades en el cuerpo.

Reconstrucción

En el campo de la medicina significa reparación del daño causado por una malformación congénita, cirugía, tratamiento o accidente. Los especialistas en esta área son los cirujanos plásticos.

REHABILITACIÓN

La rehabilitación es el proceso que se requiere para recuperarse después de una lesión, enfermedad o cirugía. Los servicios de rehabilitación son muy benéficos para las personas con discapacidad, ya que les ayudan a reestablecer las funciones de una o más partes de su cuerpo y mejoran su calidad de vida.

SEMÁFOROS SONOROS

Se refiere a semáforos especiales que emiten diversos sonidos para indicar a las personas con discapacidad visual cuándo deben cruzar una calle o detenerse. Algunos modelos incluso incorporan una flecha en relieve que emite una vibración, indicando en qué dirección debe cruzar el usuario. La instalación de semáforos sonoros en cruceros importantes de las ciudades ayuda a facilitar la movilidad de las personas con discapacidad visual y evitar accidentes.

SILLA DE RUEDAS

La silla de ruedas es un instrumento diseñado para permitir el desplazamiento de las personas con problemas de movilidad, debido a una lesión, enfermedad física o psicológica. Estas sillas pueden ser manuales o eléctricas y cuentan con diversos dispositivos y adaptaciones de acuerdo con las necesidades de cada persona.

Síndrome

Es un conjunto de síntomas que se presentan en una persona, los cuales permiten identificar una enfermedad o condición con la finalidad de que el médico brinde una atención adecuada y oportuna.

Sistema de comunicación alternativa

Los sistemas de comunicación alternativa, también conocidos como sistemas de comunicación aumentativa, facilitan la comunicación de las personas con dificultades importantes para hablar por diversas causas, ya sea sensoriales, físicas, intelectuales o psicológicas. Para mejorar la comunicación de los niños con dificultades de expresión, se utilizan tableros con imágenes y sonidos que simbolizan palabras o mensajes, los cuales pueden ser comprendidos por cualquier persona al señalarlos o presionarlos.

Sistemas orales

Los sistemas orales utilizan los restos auditivos de las personas sordas para establecer un sistema de comunicación. Los especialistas en este método se apoyan en las vibraciones emitidas por la música, los sonidos y la voz que puede percibir una persona con discapacidad auditiva a través de diferentes partes de su cuerpo, para enseñarles a comprender y expresar el lenguaje.

SORDOS

Este término se utiliza para referirse a la pérdida total o parcial de la audición que se manifiesta en una persona. Esta condición es también conocida como hipoacusia o discapacidad auditiva.

TECNOLOGÍA Y DISCAPACIDAD

La ciencia y la tecnología solucionan actualmente diversas situaciones y problemas cotidianos. Estos avances también han favorecido a las personas con discapacidad al facilitar su comunicación e integración a través de las redes sociales, programas de computación accesibles, así como aparatos ortopédicos, auditivos y visuales eléctricos.

TERAPEUTA

Un terapeuta es una especialista que se dedica al tratamiento de las personas con disfunciones físicas, sensoriales o psicológicas, con el objetivo de elevar su calidad de vida.

TERAPIA DE APRENDIZAJE

Se usa para apoyar a niños y adolescentes con dificultades para la lectoescritura y operaciones matemáticas a través del desarrollo de habilidades cognitivas, de atención, concentración y memoria.

TERAPIA DE LENGUAJE

La terapia de lenguaje es el tratamiento que utiliza diversas técnicas para facilitar la comunicación y comprensión de personas con discapacidad auditiva, problemas del habla o discapacidad intelectual.

TERAPIA VISUAL

La terapia visual se utiliza para desarrollar, mejorar e intensificar las capacidades visuales de las personas. Este tratamiento abarca todo el sistema visual, que incluye los ojos, sentidos y cerebro, con el fin de recibir la información visual de una manera más eficiente, para comprenderla y reaccionar adecuadamente.

TOURETTE, SÍNDROME

El síndrome de Gilles de la Tourette es una afección que lleva a las personas a realizar movimientos o sonidos rápidos y repetitivos que no pueden controlar. Estos movimientos o sonidos se conocen como tics y pueden ocasionar una discapacidad.

Transporte accesible

El transporte accesible es aquel que permite que las personas con discapacidad puedan desplazarse y viajar con mayor facilidad. Existen taxis, autobuses, metro, trenes, aviones, automóviles y otros vehículos adaptados que abren nuevas posibilidades de desarrollo e independencia para las personas que viven con esta condición.

Trastorno por Déficit de Atención e Hiperactividad (TDAH)

Este trastorno, conocido también como TDAH, se refiere a las dificultades que tiene un niño para mantener la atención y conducta adecuadas, además de presentar una actividad corporal excesiva que le dificulta realizar actividades cotidianas, de manera especial, las de la vida escolar. Esta condición no implica necesariamente la presencia de una discapacidad intelectual.

Usher, Síndrome

Raro trastorno hereditario que se caracteriza por un deterioro auditivo, y que en algunos casos, afecta también la visión. Es la principal causa de sordoceguera congénita.

Vejez y discapacidad

La vejez es la última etapa en la vida de los seres humanos. Se dice que en esta época se acumula la experiencia y que es el resultado de la forma en que se vivió durante la niñez, la juventud y la vida adulta. Al transcurrir el tiempo, se producen efectos físicos, psicológicos y sociales en las personas, que determinan su condición en ese momento de la vida. En algunos casos, la discapacidad aparece durante la vejez debido al deterioro físico que afecta la movilidad, la visión y la audición.

West, Síndrome

El síndrome de West o síndrome de los espasmos infantiles es una alteración cerebral epiléptica de la infancia, grave y poco frecuente que ocasiona retraso en el desarrollo psicomotor. Su nombre se debe a William James West, médico inglés que descubrió por primera vez estos síntomas en su propio hijo.

X frágil, Síndrome

El síndrome del X frágil, también conocido como síndrome de Martin-Bell, es un trastorno hereditario que ocasiona diversos grados de discapacidad intelectual.

Yeso

El yeso es un material blanco, duro y compacto, que debido a sus características se utiliza para inmovilizar huesos y facilitar su regeneración después de una fractura, luxación o intervención quirúrgica.

Zooterapia

La zooterapia es una técnica de rehabilitación física, sensorial y social que utiliza a los animales como facilitadores para mejorar la calidad de vida de las personas con diversos tipos de discapacidad.

SP
649.151 R788

Rosales Vega, Cecilia,
¿Qué hago con un niño con
Parent Resource Library -
05/16

Friends of the
Houston Public Library